Text und Fotografie:
SCUBAZOO

Riffe

Eine winzige Partnergarnele
(*Dasycaris zanzibarica*).
Sabah, Malaysia.

Ein Großer Fetzenfisch (*Phycodurus eques*). Kangaroo Island, Australien.

Junger Langflossen-Fledermausfisch (*Platax teira*) mit Spiegelbild. Sabah, Malaysia.

Sargasso-Anglerfisch (*Histrio histrio*) mit Spiegelbild. Sabah, Malaysia.

Gelbmaulmuräne (*Gymnothorax nudivomer*). Mabul, Sabah, Malaysia.

Partnergarnele (*Vir philippinensis*). Kapalai, Sabah, Malaysia.

Zwerg-Büschelbarsch (*Cirrhitichthys falco*). Kalimantan, Indonesien.

Michels Zwerggrundel (*Pleurosicya micheli*). Sabah, Malaysia.

Seescheidenkolonie (*Perophora namei*). Raja Ampat, Irian Jaya, Indonesien.

Benjamins Zwerggrundel
(*Trimma benjamini*).
Seraya, Bali, Indonesien.

LONDON, NEW YORK, MELBOURNE,
MÜNCHEN UND DELHI

PROJEKTBETREUUNG Bob Bridle
BILDBETREUUNG Katie Eke
HERSTELLUNGSLEITUNG Inderjit Bhullar
HERSTELLUNG Vania Cunha

GRAFIK Bryn Walls
PROGRAMMLEITUNG Jonathan Metcalf

CHEFLEKTORAT Stephanie Farrow
CHEFBILDLEKTORAT Lee Griffiths

Für die deutsche Ausgabe:
PROGRAMMLEITUNG Monika Schlitzer
PROJEKTBETREUUNG Regina Franke
HERSTELLUNGSLEITUNG Dorothee Whittaker
HERSTELLUNG Gerd Wiechcinski

Bibliografische Information Der Deutschen Bibliothek
Die Deutsche Bibliothek verzeichnet diese Publikation in der Deutschen Nationalbibliografie; detaillierte bibliografische Daten sind im Internet über http://dnb.ddb.de abrufbar.

Titel der englischen Originalausgabe:
REEF

ÜBERSETZUNG Michael Kokoscha
REDAKTION Gerd Hintermaier-Erhard

ISBN 978-3-8310-1178-0

Colour reproduction by
Media Development Printing Ltd.
Printed and bound in China by
Hung Hing Offset Printing Company Ltd.

Besuchen Sie uns im Internet
www.dk.com

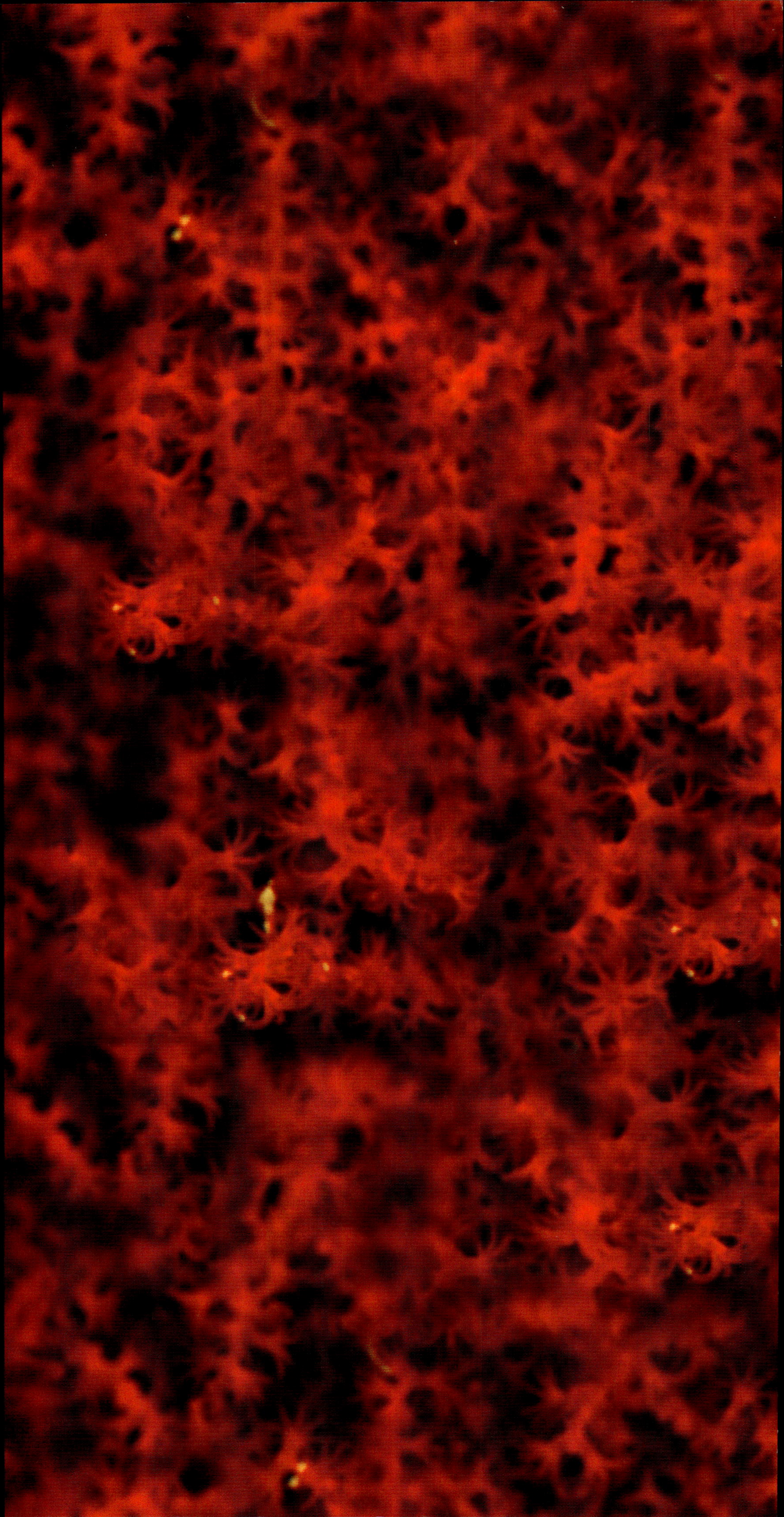

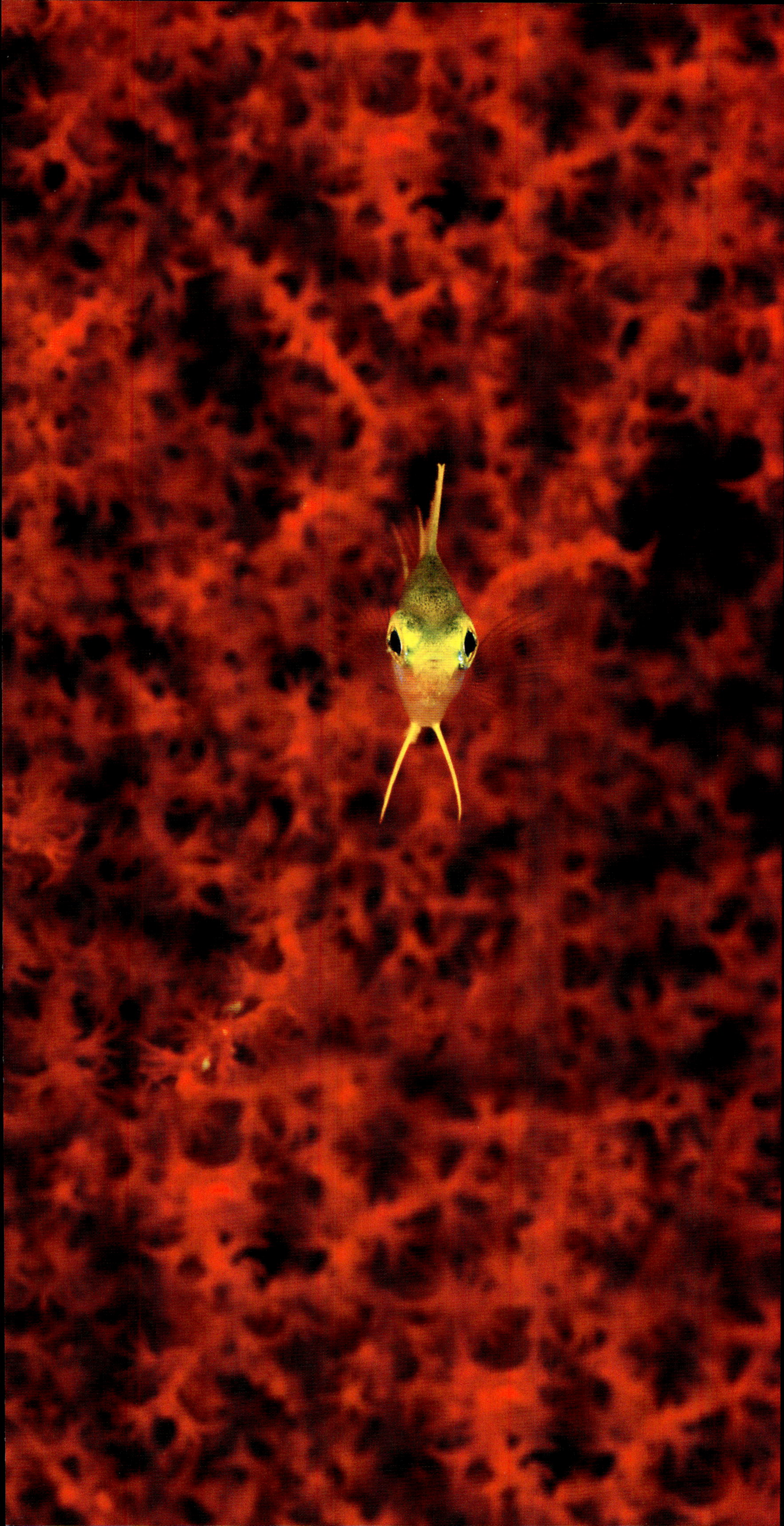

Inhalt

Vorwort

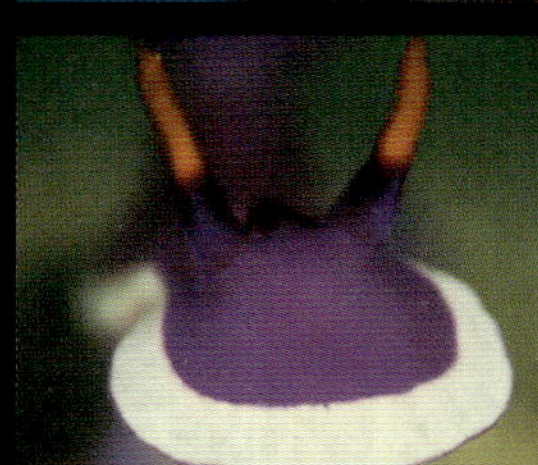

Da mehr als sieben Zehntel unseres Planeten mit Wasser bedeckt sind, sollte man annehmen, dass wir ein wenig über die Meere und das marine Leben wissen – wir wissen etwas, aber tatsächlich nur »ein wenig«. Nehmen wir als Beispiel die Korallenfische. Bis heute sind über 4000 Arten beschrieben worden und es kommen ständig neue hinzu. Doch Fische sind nur ein Teil der Meeresfauna – in den Spalten der Riffe gibt es zahllose andere Geschöpfe. Meine ersten Tauchgänge in den Tropen fanden in den Korallenriffen Südostasiens unter der Führung des Scubazoo-Teams statt, und seitdem bin ich süchtig.

Obwohl ein Riff oft wie ein Festival der Farben wirkt, droht ein dunkler Schatten das Fest zu verderben. Dieses Buch macht deutlich, warum man die Riffe oft die »Regenwälder der Meere« nennt. Leider trifft das nicht nur auf die Vielfalt ihres Lebens, sondern auch auf ihre Verletzlichkeit zu. Die Ozeane brauchen die Unterstützung unserer oft habgierigen und kurzsichtigen Art. Überfischung, Verschmutzung und Bebauung der Küsten bedrohen die Riffe, ebenso die Klimaveränderung, insbesondere die globale Erwärmung. Im Jahr 1998 löste eine

Zunahme der Wassertemperatur eine weltweite Korallenbleiche aus, deren Folgen ich im Great Barrier Reef und in Thailand sah. Das Massensterben der Korallen hinterließ eine leblose grauweiße Landschaft. Man schätzt, dass allein auf den Malediven 80 Prozent der Flachwasserkorallen betroffen waren und sich bis heute nicht erholt haben.

Doch ich freue mich, dass ich nicht nur schlechte Nachrichten überbringen kann – in Sabah, Malaysia, wo die Basis von Scubazoo ist, arbeiten zum Beispiel die Marine Conservation Society (MCS), die Nationalparks und die Gemeinden daran, mit dem Tun Sakaran Marine Park ein Schutzgebiet für marine Biotope zu schaffen. MCS-Projekte leisten einen bedeutenden Beitrag für die Zukunft der Meere, Küsten und ihrer Lebewesen, und es ist in unser aller Interesse, sie zu unterstützen – ich bin mir sicher, Sie stimmen mir zu, wenn Sie sich dieses unglaubliche Buch angesehen haben.

MCS Marine Conservation Society

Nick Baker
Filmproduzent und Naturforscher

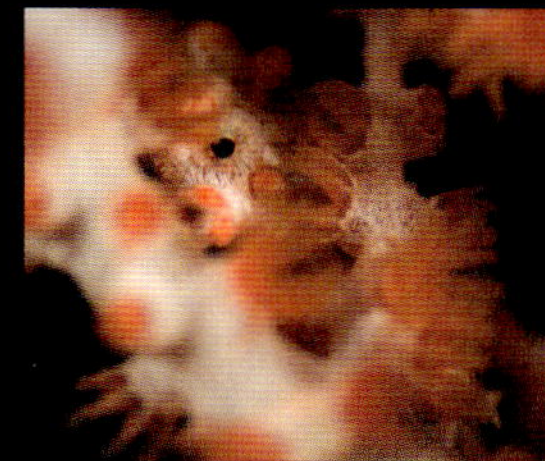
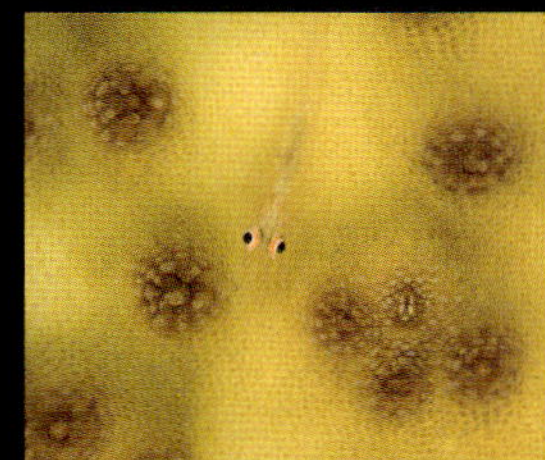

Scubazoo-Leidenschaft

Einige meiner schönsten Kindheitserinnerungen stammen aus den Ferien an der Costa Brava, wo ich zur Beunruhigung meiner Eltern stundenlang mit Maske, Schnorchel und Flossen verschwand, um Tintenfische zu suchen. Ich habe sicher hunderte von Stunden mit ihrer Beobachtung verbracht, bevor ich die erste Pressluftflasche bekommen habe. Mich nahmen ihre Intelligenz und ihr blitzschneller Farbwechsel vollkommen gefangen – ein erstes Anzeichen von »Scubazoo-Leidenschaft«!

Ich studierte Zoologie und nach vier Jahren als Verkäufer entschloss ich mich, Großbritannien zu verlassen und meinem Herzen zu folgen. Ich hatte das Ziel, die besten Tauchplätze der Welt zu finden, 20 Jahre nach meinen ersten Oktopus-Begegnungen. Nachdem ich auf den Philippinen, in Thailand, Vietnam, Indonesien und Malaysia sechs Monate lang getaucht war, entdeckte ich vor Sabah, Borneo, eine magische Insel namens Sipadan. Dort fühlte ich mich wohl und konnte mich voll und ganz in die Unterwasserwelt verlieben. Ich tauchte von einem Boot von Cairns am Great Barrier Reef aus zum ersten Mal mit einer Video-Kamera. Nun hatte ich einen Traumjob – Taucher mit den Haien, Schildkröten und Tintenfischen des Riffs zu filmen – und stellte fest, dass es genau das war, was ich tun wollte. Zu dieser Zeit traf ich auch Jason Isley. Wie mich hatte Jason ein bequemes, aber unzufriedenes Leben zur Suche nach etwas Besserem veranlasst. Er teilte meine Begeisterung für die Natur und das Tauchen und war der erste Gleichgesinnte, der mir beim Abenteuer Scubazoo Gesellschaft leistete.

Nicht einmal meine Geschichten über hunderte von Hammerhaien oder über 20 Schildkröten auf einem Tauchgang konnten Jason wirklich auf Sipadan vorbereiten. Das Tauchen von diesem Kalksteinfelsen aus, der 600 m hoch vom Meeresboden aufragt, ist eine überwältigende Erfahrung. Sipadan ist ein einzigartiges Unterwasserparadies und der Erfolg von Scubazoo hängt nicht zuletzt von der vielfältigen und wohlwollenden Natur seiner Riffe ab. Durch das tägliche Tauchen konnte

das Team von Scubazoo die Riffbewohner aus jedem Blickwinkel fotografieren. So war es möglich, Verhaltensmuster vorherzusagen und Bilder zu machen, die viel über die Lebensweise dieser Geschöpfe verraten. Jasons Fotoleidenschaft hat uns dazu geführt, dieses Buch zu machen. Viele der hier gezeigten Fotos stammen aus jenen anfänglichen Tagen auf Sipadan.

Die nächsten beiden im Scubazoo-Team – Simon Enderby und Matthew Oldfield – kamen auch wegen ihrer Leidenschaft für das Meer nach Sipadan. Es war kaum zu vermeiden, dass sie sich uns anschlossen, und erste Nachrichten von Scubazoo erreichten schnell die internationale Tauch- und Filmindustrie. Wiederum durch die Liebe zu Sipadan kam Roger Munns einige Jahre später zu uns, und sein außergewöhnliches Talent ist in den Fotos klar zu erkennen. Die bunte Mischung und das ungeheure Talent des Teams haben es Scubazoo ermöglicht, zu dem zu werden, was es heute ist.

Jasons, Matts und Rogers phänomenale Fotos liefern intime Porträts der seltsamen und wunderbaren Riffbewohner dieser Welt – und Matt beschreibt sie und ihre Lebensräume mit Hingabe.

» Das Tauchen von dieser Kalksteininsel aus ist eine unglaubliche Erfahrung – man erlebt ein Unterwasserparadies. «

Außerdem gibt es einige vielversprechende neue Talente bei Scubazoo. Vor allem Seok Wun Au Yong und Adam Broadbent haben zu diesem Buch beigetragen. Nicht zuletzt verdienen unsere Ehefrauen – Clare, Mona und Helle – eine besondere Erwähnung für ihre unsterbliche Liebe, Unterstützung ... und Geduld!

Scubazoos Ziel ist es, unsere Bilder der Unterwasserwelt mit so vielen Menschen wie möglich zu teilen. Diese Welt ist ernsthaft bedroht, da die ständig wachsende Menschheit die marinen Lebensräume auf der Suche nach Rohstoffen zerstört. Ob es dabei um die Verbesserung unserer Lebensqualität oder, für die weniger Glücklichen, einfach ums Überleben geht – wir haben keine Wahl als neue, nachhaltige Wege zu finden, die Ozeane zu nutzen, bevor es zu spät ist. Wir hoffen, durch unsere Bilder das Verständnis für die Riffe der Welt zu fördern und die dringende Notwendigkeit zu vermitteln, sie zu erhalten und zu schützen.

Simon Christopher, Gründer von Scubazoo

Wasserwelten

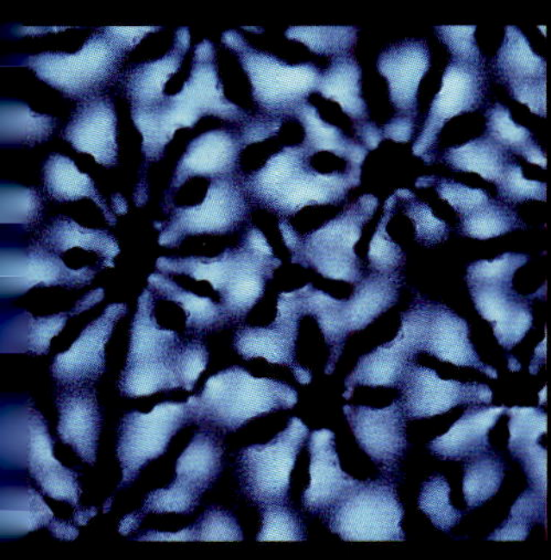

»Die von Wallace und Darwin besuchten Riffe und die von Frühmenschen genutzten Felsküsten versteht man auch heute nur teilweise.«

In der Mitte des 19. Jahrhunderts unternahm Alfred Russel Wallace eine Forschungsreise. Auf dem Weg von Malaysia nach Indonesien fand er »einen der erstaunlichsten und schönsten Anblicke vor, dem ich jemals begegnet bin«. Unter der Oberfläche der ruhigen See war »der Grund vollkommen bedeckt von einer unüberschaubaren Masse von Korallen, Schwämmen, Seerosen und anderer Meereswesen, von überwältigender Größe, verschiedensten Formen und leuchtenden Farben«. Wallace bewunderte die farbigen Fische zwischen den Felsen und Korallen. »Die Realität übertrifft die überschwänglichsten Berichte, die ich jemals über die Wunder eines Korallenmeers gelesen habe.« Im gleichen Jahrhundert erforschte Charles Darwin den Indischen Ozean während seiner Reisen mit der HMS Beagle. Obwohl er die blumige Sprache anderer Naturforscher kritisierte, war auch er von den Koralleninseln verzaubert. »Wir sind überrascht, wenn uns Reisende von den Dimensionen der Pyramiden und anderer großartiger Ruinen erzählen, doch wie unbedeutend sind die größten unter ihnen verglichen mit den Gebirgen, die von der Tätigkeit winziger, zarter Tiere aufgeschichtet worden sind!«

Diese Männer, beide scharfe Denker und Begründer der Theorie der Evolution durch natürliche Auslese, waren von der Vielfalt der Natur

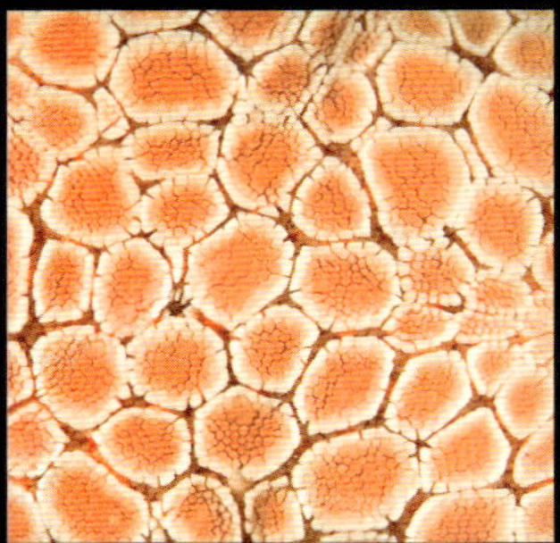

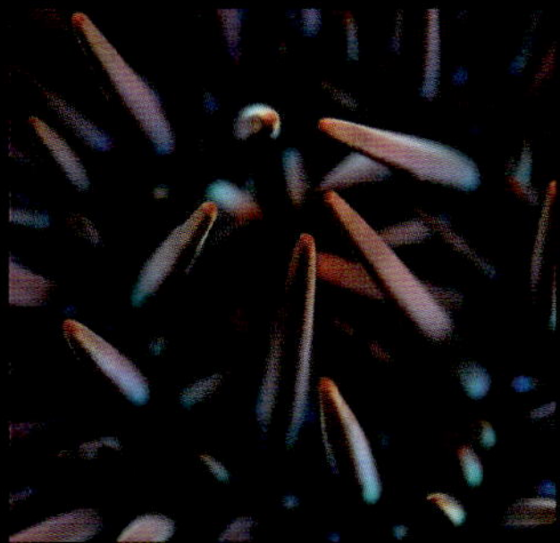

in ihren Bann gezogen worden. Menschen haben tausende von Jahren in der Nähe von Riffen gelebt, Nahrung an den Küsten gesammelt, gefischt und zur Jagd sogar kurze Tauchgänge unternommen. Heute reisen Touristen zu weißen Sandstränden, legen Maske und Schnorchel an und lassen Schwärme winziger Fische an ihren Zehen knabbern. Doch auch heute noch, trotz unseres von Ehrfurcht geprägten langen Zusammenlebens mit der marinen Welt, bleibt viel zu entdecken übrig. Die ruhige Oberfläche, durch die Wallace und Darwin einst geblickt haben, ist die Grenze zwischen dem Bekannten und dem Unbekannten. Die Bewohner der Riffe geben ihre Geheimnisse nur zögernd preis.

Der Grund, warum die Meere bis zum 20. Jahrhundert kaum verstanden worden sind, ist klar – wir ertrinken in ihnen. Zu den frühesten Versuchen, Menschen unter Wasser mit Sauerstoff zu versorgen, gehörten einfache Pumpen, die Helmtaucher mit Luft versorgten, oder Tauchglocken mit begrenztem Luftinhalt. Alexander der Große soll sich in einer gläsernen Tauchglocke auf den Meeresgrund herabgelassen haben, um die von ihm eroberten Gebiete vollständig zu erkunden. Sir Edmund Halley und John Smeaton entwickelten eine Tauchglocke mit Pumpe. Die Firma Siebe-Gorman hatte mit einer Helmausrüstung kommerziellen Erfolg. Doch erst Rouquayrol und Denayrouze sowie später Jacques Cousteau und Emile Gagnan entwickelten ein Atemgerät, mit dem Menschen die Unterwasserwelt unabhängig erkunden konnten. Ohne hinderliche Schläuche und Helme konnten Wissenschaftler, Fotografen und Kameraleute endlich Meerestiere bei ihren täglichen Aktivitäten beobachten.

Riffe gehören zu den Wasserwelten tropischer Inseln und kühl-gemäßigter Felsküsten. Tangwälder und Sandflächen scheinen bis ins Unendliche zu reichen. Riffe liegen jenseits der Strände, an denen wir als Kinder gespielt haben. Sie sind Orte der Entdeckung und der Erforschung sowie die Heimat einer unglaublichen Artenvielfalt. Das Meiste davon beginnen wir gerade erst zu verstehen.

Wasserwelten

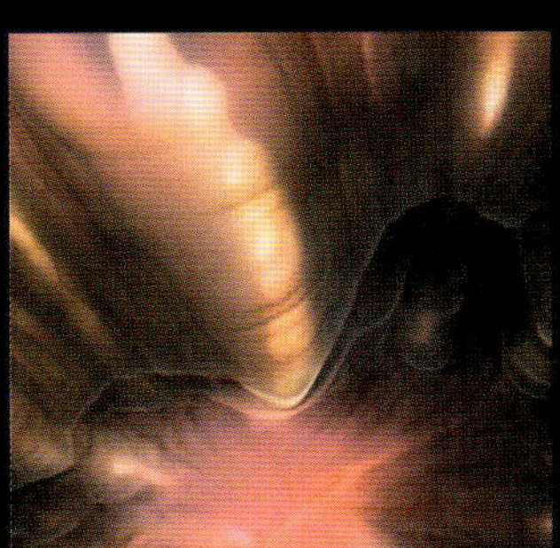

Ein Schwarm der überwiegend weiblichen Juwelen-Fahnenbarsche (*Pseudanthias squamipinnis*) zwischen Weich- und Steinkorallen – die typische Korallenriffszene. Nordmale-Atoll, Malediven.

KORALLENRIFFE

Viele Menschen verbinden mit dem Wort »Riff« blaues Wasser, Lichtreflexe auf Korallen und Myriaden bunter Fische. Tropische Korallenriffe gehören nicht nur zu den schönsten Biotopen der Welt – sie sind auch die vielfältigsten. Tatsächlich gibt es in Korallenriffen mehr Arten als in jedem anderen marinen Lebensraum, vielleicht sogar mehr als in jedem anderen Lebensraum der Erde. Korallenriffe bestehen aus den Skeletten von Steinkorallen, die nur in warmem, hellem, flachem Wasser wachsen können. Sie benötigen eine Temperatur von mindestens 18 °C. Überraschend ist, dass die tropischen Meere, die die richtigen Temperaturbedingungen bieten, sehr arm an Nährstoffen sind. Um zu überleben, sind viele Korallen eine Partnerschaft mit fotosynthetisch aktiven Lebewesen eingegangen, die in ihrem Gewebe leben. Diese Zooxanthellen produzieren für die Korallen durch Nutzung des Sonnenlichts einen großen Teil ihrer Nahrung. Daher gibt es Korallenriffe nur in lichtdurchflutetem Wasser.

△ Ein Schwamm (*Callyspongia* sp.) umschließt eine Faltenkoralle (*Symphyllia agaricia*). Raja Ampat, Irian Jaya, Indonesien.

△ Weich- und Steinkorallen wachsen neben Schwämmen und Algen. Mios Befondi, Irian Jaya, Indonesien.

△ Der Riesen-Anglerfisch (*Antennarius commersonii*) tarnt sich zwischen Schwämmen. Sipadan, Sabah, Malaysia.

»Während eines Tauchgangs in einem Korallenriff ist es sehr schwer, den Aufbau und die Dimensionen des Riffs als Ganzes zu begreifen. Nur vom Flugzeug aus kann man die Größe und die Struktur seiner unterschiedlichen Teile richtig einschätzen. Es sind allerdings oft die einzigartigen Farben, die meine Aufmerksamkeit erregen – die satten Blau- und Grüntöne und die strahlend weißen Sandstrände, die durch die dunklen Muster der Korallen und Felsen verbunden werden.«

▽▷ Saumriffe entstehen im flachen, sonnendurchfluteten Wasser tropischer Inseln. Nur an Flussmündungen wird das Wasser für das Korallenwachstum zu stark getrübt. Sabah, Malaysia.

» Die farbenprächtigen Polypen der Kelchkorallen sind schön anzusehen, verbergen jedoch ein tödliches Geheimnis: In jedem Tentakel befinden sich Batterien von Nesselzellen. Wenn man genau hinsieht, bemerkt man winzige Krebschen. Sie werden von den Tentakeln eingefangen, wenn sie ihnen zu nahe kommen. Nachdem sie getötet worden sind, wandern sie in die zentrale Mundöffnung, um von der gefräßigen, aber wunderschönen Koralle langsam verdaut zu werden. «

▷ Wie alle Korallen besitzt diese Kelchkoralle (*Tubastraea* sp.) Nesselzellen an den Tentakeln ihrer Polypen, mit denen sie kleine Tiere des Planktons fangen und töten kann. Im Gegensatz zu vielen ihrer Verwandten bezieht sie ihre Nahrung nicht aus der Fotosynthese – sie streckt ihre Tentakel nachts aus, wenn das meiste Plankton unterwegs ist. Raja Ampat Islands, Irian Jaya, Indonesien.

»Ich erlebte einige der schönsten Tauchgänge meines Lebens bei der Erkundung der Steilwände der in der Nähe von Borneo gelegenen Atolle. Sowohl bei Layang Layang im Südchinesischen Meer als auch bei Maratua vor Ostkalimantan sind die dunklen Wände mit einer unglaublichen Vielfalt von großen Fächer-, Peitschen- und Weichkorallen geschmückt – ein bunter Dschungel von Planktonfressern, die sich an diesen abgeschiedenen Orten in die Strömung recken.«

▷ Planktonfresser wie diese Weich- (*Dendronephthya* sp.) und Knotenfächerkorallen (*Melithaea* sp.) richten sich mit ihren Ästen zur Strömung aus, um die Nahrungsmenge, die sie aus dem Wasser filtern können, zu vergrößern. Maratua, Kalimantan, Indonesien.

△ Nahaufnahme der Koralle *Acropora gemmifera*.

△ Detail des Seefächers *Muricella* sp.

△ Analblase des Diademseeigels *Echinothrix calamaris*.

△ Seescheiden, *Perophora namei*.

△ Nahaufnahme des Netzfächers *Acabaria* sp.

△ Detail der Weichkoralle *Dendronephthya* sp.

△ Mund der Tränen-Sternkoralle, *Cynarina lacrymalis*.

△ Polypen einer Salatkoralle, *Turbinaria* sp.

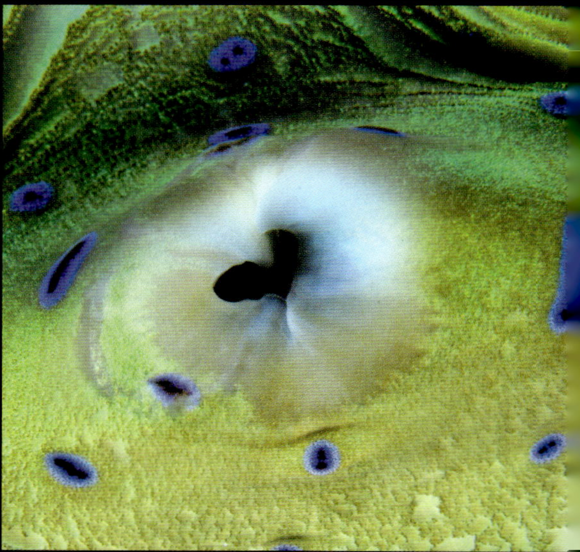

△ Der Sipho der Riesenriffmuschel *Tridacna gigas*.

△ Der Sipho der Riffmuschel *Tridacna squamosa*.

△ Polypen des Seefächers *Muricella* sp.

△ Stachelauster, *Spondylus varians*.

△ Nahaufnahme der Weichkoralle *Dendronephthya* sp.

» In den Riffen der Welt verbirgt sich eine bemerkenswerte Vielfalt an Farben und Strukturen. Mithilfe eines Blitzlichts und eines geeigneten Objektivs kann man die neonblauen und -grünen Farben der Muscheln, die winzigen Polypen der Fächerkorallen und die an Federn erinnernden Tentakelspiralen der Weihnachtsbaum-Röhrenwürmer zeigen. Obwohl für viele Taucher die großen Raubfische im Riff die Hauptrolle spielen, geschieht sehr viel im Makrobereich. Tatsächlich bieten ein einzelner Fels oder ein kleines Stück Korallenriff genug Interessantes für einen ganzen Tauchgang. «

△ Weihnachtsbäumchen, *Spirobranchus giganteus*.

△ Detail einer Geweihkoralle, *Acropora* sp.

△ Polypen der Hammerkoralle, *Euphyllia ancora*.

△ Polypen einer Knotenfächerkoralle, *Melithaea* sp.

Die leuchtenden Arme dieser Zylinderrose (*Cerianthus* sp.) sieht man in Korallenriffen häufig. Trotz ihres Aussehens sind diese Nesseltiere näher mit den Schwarzen Korallen als mit den Seeanemonen verwandt. Mabul, Sabah, Malaysia.

◁ Die Wurzeln dieser Mangroven (*Rhizophora* sp.) dienen der Sedimentablagerung, stabilisieren die Küste und bieten den Jungen der verschiedensten Rifffische Schutz. Raja Ampat, Irian Jaya, Indonesien.

MANGROVENSÜMPFE

Die zwischen Land und Meer liegenden Mangrovensümpfe schützen die Küste vor der Erosion und das Meer vor den von Flüssen herbeigetragenen Sedimenten. Mangroven finden sich an schlammigen Gezeitenküsten der Tropen und sind die Heimat einer einzigartigen Gruppe von Lebewesen. Die Wurzeln der salztoleranten Gewächse bieten Pflanzen und Tieren Schutz, die man nur in der Gezeitenzone findet. Gemeinschaften von Schwämmen und Aufwuchsorganismen überziehen die Wurzeln und tragen dazu bei, dass sich Sedimente ablagern können. So bewahren sie nicht nur die Riffe, sondern ernähren auch die nächste Generation ihrer Bewohner. Das dichte Wurzelwerk bildet für die Meeresbewohner lebensnotwendige Höhlen. Viele Fische des offenen Meers und der Riffe kommen zum Ablaichen hierhin. Ihre Jungen, geschützt vor Räubern von einem Dickicht aus Wurzeln und Ästen, wachsen hier sicher auf.

△ Durch die Wuchsform dieser Mangroven (*Rhizophora* sp.) erreicht nur wenig Licht das Wasser darunter. Irian Jaya, Indonesien.

△ Unter Lücken im Kronendach der Mangroven gedeihen viele Algen und Aufwuchsorganismen. Kakaban, Kalimantan, Indonesien.

△ Eine Mangrovenwurzel durchbricht die Wasseroberfläche.
Raja Ampat, Irian Jaya, Indonesien.

△ Ein Mangroventrieb wächst an der Grenze von Land und Meer.
Raja Ampat, Irian Jaya, Indonesien.

▽ Die Blüte einer Mangrove treibt langsam in der Strömung, nachdem sie ihre Bestimmung erfüllt hat, Bestäuber anzulocken. Raja Ampat, Irian Jaya, Indonesien.

» Bei den Raja-Ampat-Inseln gibt es einen Tauchplatz, der »The Passage« genannt wird. Hier führt ein schmaler Kanal – eher ein Salzwasserfluss als ein Teil des Meers – durch dichte Mangroven und den tropischen Regenwald, der das Kalkgestein bedeckt. Unter den unterspülten Ufern wachsen dichte Bestände von Fächerkorallen und Unmengen von Seescheiden. Eine verblüffende Zahl sowohl aus den Mangroven als auch aus dem Riff stammender verschiedener Arten kann hier angetroffen werden. Ein Drifttauchgang durch »The Passage« ist ein Muss für jeden Unterwasserfotografen. «

▷ Glas-Kardinalbarsche (*Apogon ceramensis*) im Schutz der Schwämme und Seescheiden, die das dichte Wurzelwerk der Mangroven überziehen. Irian Jaya, Indonesien.

△ Mit ihrem verlängerten Unterkiefer erbeuten Halbschnabelhechte (*Zenarchopterus dispar*) ihre Nahrung an der Wasseroberfläche. Raja Ampat, Irian Jaya, Indonesien.

△ Der Schützenfisch (*Toxotes jaculatrix*) lauert unter der Wasseroberfläche und kann Insekten mit einem Wasserstrahl aus der Luft abschießen. Raja Ampat, Irian Jaya, Indonesien.

SEEGRASWIESEN

Algen und Pflanzen spielen in marinen Lebensräumen eine wichtige Rolle: Krustenalgen tragen zum Aufbau der Korallenriffe bei, Rotalgen prägen die Tiefen der Felsküsten und im hellen Flachwasser warmer Meere kann man Seegraswiesen finden. Seegräser sind die einzigen Blütenpflanzen der Meere und helfen, den Sand des Meeresgrunds zu stabilisieren, sodass andere Arten Halt finden können. Seegraswiesen sind auch die Heimat unglaublich vieler Tiere. Manche Arten haben eine perfekte Tarnung entwickelt und verbringen hier ihr ganzes Leben, während andere die Sicherheit der sich wiegenden, schattigen Seegräser als Kinderstube nutzen. Sogar einige der größten Meerestiere benötigen diese Pflanzen – sowohl Seekühe als auch Suppenschildkröten kann man beim Grasen in den Seegraswiesen beobachten.

△ Weite Seegraswiesen (*Halodule uninervis*) beherbergen eine überraschende Menge marinen Lebens, doch die meisten Arten sind sehr gut getarnt. Manado, Sulawesi, Indonesien.

△ Die Fadenschnecke (*Pteraeolidia ianthina*) nutzt symbiotische Algen zur Fotosynthese. Manado, Sulawesi, Indonesien.

△ Ein Seehase (*Stylocheilus striatus*) frisst Algen, die auf dem Seegras wachsen. Manado, Sulawesi, Indonesien.

Wie alle Pflanzen benötigt diese Seegrasart (*Enhalus acoroides*) zum Überleben Sonnenlicht, sodass sie nur im klaren seichten Wasser gedeihen kann. Straße von Lembeh, Sulawesi, Indonesien.

◁ Der Kuhfisch (*Lactoria cornuta*) ist im Seegras gut getarnt und wird zusätzlich von seinen Hörnern und Knochenplatten geschützt. Manado, Sulawesi, Indonesien.

△ Der Grüne Feilenfisch (*Pseudomonacanthus macrurus*) kann seine Farbe abhängig vom Licht verändern. Manado, Sulawesi, Indonesien.

△ Der Seegras-Papageifisch (*Leptoscarus vaigiensis*) beißt aus dem Seegras ganze Stücke heraus. Manado, Sulawesi, Indonesien.

△ Eine Seegurke (*Bohadschia koellikeri*) tarnt sich mit Seegrasstücken. Manado, Sulawesi, Indonesien.

△ Ein Zweipunkt-Prachtlippfisch (*Oxycheilinus bimaculatus*) lebt in Seegraswiesen bei Fels- oder Korallenblöcken. Manado, Sulawesi, Indonesien.

◁ Anstatt auf Tarnung zu vertrauen, imitiert diese junge Seegurke (*Bohadschia graeffei*) eine giftige Warzenschnecke. Manado, Sulawesi, Indonesien.

△ Der junge Kalmar-Diademseeigel (*Echinothrix calamaris*) grast im Schutz seiner Stacheln Algen ab. Manado, Sulawesi, Indonesien.

△ Bei Bedrohung erstarrt die Gelbpunkt-Seenadel (*Corythoichthys polynotatus*) und vertraut auf ihre Tarnung. Manado, Sulawesi, Indonesien.

SANDFLÄCHEN

Jenseits des Riffrands, wo sich Sand und Sedimente im Dämmerlicht verlieren, stammt die einzige Bewegung von treibenden Algen, die von der Strömung bewegt werden. Doch der Schein kann trügen. Die lebensfeindlich wirkenden Sandflächen beherbergen eine bemerkenswerte Gruppe von Lebewesen, über die man noch weniger weiß als über die Bewohner der Korallenriffe. Ohne jede Versteckmöglichkeit haben die Tiere besondere Fähigkeiten entwickelt, wie sie auf dem nackten Sand überleben können. Ihre Strategie ist es, nicht entdeckt zu werden oder den Angreifer abzuschrecken. Manche von ihnen vergraben sich im Sand, sodass nur ihr Maul herausschaut. Andere haben eine perfekte Tarnung entwickelt und erinnern an verstreute Schwämme. Tiere, die sich nicht verstecken können, sind mit Stacheln oder Giften bewaffnet – Aufwuchsfresser zum Beispiel, die giftige Körperteile besitzen oder ihre Feinde mit Augenflecken verwirren. Im niemals endenden Wettlauf der Evolution kämpfen Beute und Jäger ums Überleben, wobei sich einige der beeindruckendsten marinen Organismen der Welt entwickelt haben.

△ Die Zeichnung des Leopard-Stechrochens (*Himantura uarnak*) tarnt ihn im groben Sand. Sodwana Bay, Südafrika.

▷ Ein Schwarzpunkt-Stechrochen (*Taeniura meyeni*) gleitet förmlich über den Sand und nutzt die »Flügel«, um graziös zu wenden. Sodwana Bay, Südafrika.

» Über einer Sandfläche zu tauchen gleicht der Erkundung eines lebenden Laboratoriums – man kann so viele verschiedene Tiere sehen, von denen jedes auf seine Weise in dieser ungeschützten Umgebung überlebt. Man beobachtet hervorragende Tarnung, seltsame Lauerjäger, ständig ihr Aussehen verändernde Tintenfische sowie Krabben, die sich wie kleine Panzer über den Boden bewegen. Es gibt sehr wenige Lebensräume, in denen so verschiedene Überlebensstrategien in einem so kleinen Bereich betrachtet werden können. «

△ Das Ästuar-Seepferdchen (*Hippocampus kuda*) ist von Knochenringen geschützt und kann sich mit dem Schwanz an Gegenständen festhalten. Straße von Lembeh, Sulawesi, Indonesien.

△ Eine Schamkrabbe (*Calappa philargius*) versteckt sich hinter ihrem gepanzerten ersten Laufbeinpaar. Bei Störungen vergräbt sie sich im Sand. Straße von Lembeh, Sulawesi, Indonesien.

Wenn der Geäderte Oktopus (*Octopus marginatus*) eine Schale oder ein Gehäuse findet, schützt er sich damit, indem er sie mit sich umherträgt. Straße von Lembeh, Sulawesi, Indonesien.

◁ Wenn er auf dem Sand überrascht wird, flieht dieser Oktopus (*Octopus rex*) in ein Loch oder schützt den Körper mit einer Kokosnussschale. Mabul, Sabah, Malaysia.

△ Eine Fass-Schnecke (*Malea pomum*) vergräbt sich zum Schutz im Sand. Manokwari, Irian Jaya, Indonesien.

△ Auch ohne Deckung ist die Schwammkrabbe (*Cryptodromia* sp.) sicher, weil sie wie ein Schwamm aussieht. Seraya, Bali, Indonesien.

△ Nur die Augen und die tödlichen Arme des Fangschreckenkrebses (*Lysiosquilloides* sp.) ragen aus seinem Bau. Seraya, Bali, Indonesien.

△ Ein Fasan-Butt (*Bothus mancus*) besitzt Augenflecke zur Tarnung und um Feinde zu verwirren. Sodwana Bay, Südafrika.

KELPWÄLDER

In kühleren Gewässern spielen die Jahreszeiten eine größere Rolle als in den Tropen. An Felsküsten ragen Kelpwälder in das Wasser, wo wechselnde kalte Strömungen ihr Wachstum anregen. Die jahreszeitlichen Schwankungen üben zwar einen anderen evolutionären Druck auf die Bewohner des Kelps aus, doch wie tropische Regenwälder und Meere enthalten Kelpwälder viele unterschiedliche Mikrohabitate und ökologische Nischen – eine perfekte Voraussetzung für den Fortschritt der Evolution. Wie die Steinkorallen bringt auch der Kelp Sonnenenergie in die Wasserwelt ein. Er wächst unglaublich schnell und stellt die Basis einer komplexen marinen Nahrungskette dar – Kelp wird von vielen Wirbellosen gefressen und liefert beim Verrotten nach den ersten Winterstürmen wichtige Nährstoffe.

▷ Ein Drachenkopf (*Scorpaena cardinalis*) lauert im Meersalat auf Beute. Für viele Tiere, die zwischen den Algen leben, stellen sie sowohl eine Nahrungsquelle als auch ein Versteck vor Jägern und Beute dar. Poor Knights Islands, Neuseeland.

△ Meersalat (*Ulva* sp.) und der Tang *Ecklonia radiata*. Poor Knights Islands, Neuseeland.

△ Dieser Tang (*Lessonia variegata*) gehört zu den Arten, die auf Felsen in der Brandung leben können. Poor Knights Islands, Neuseeland.

◁ Dieser Weißbinden-Lippfisch (*Notolabrus tetricus*) ist im hin- und herwogenden Kelp gut getarnt. Kangaroo Island, Australien.

△ Ein Paar Doppel-Rückenflosser (*Enoplosus armatus*) versteckt sich zwischen den Algen. Kangaroo Island, Australien.

△ Degens Feilenfisch (*Thamnaconus degeni*) frisst verschiedene Nahrung, darunter auch Algen. Kangaroo Island, Australien.

△ Während der Paarung oder der Revierverteidigung zeigt dieser Lippfisch (*Dotalabrus aurantiacus*) leuchtende Farben. Kangaroo Island, Australien.

△ Seeigel (*Evechinus chloroticus*) grasen die Algen auf den Felsen im Kelpwald ab. Poor Knights Islands, Neuseeland.

Schleimfische (*Obliquichthys maryannae*) verstecken sich im Gestein. Meist kann man sie in Schwärmen beobachten, wenn sie im freien Wasser Plankton fressen. Poor Knights Islands, Neuseeland.

KALTWASSERRIFFE

In kalte, durch Plankton oder Sedimente getrübte Gewässer dringt das Licht nicht weit ein. Hier strecken sich Kolonien pflanzenähnlicher Tiere in die Strömung, um Plankton aus dem Wasser zu filtern. Andere sind fest mit dem Fels verbunden und pumpen nährstoffreiches Wasser durch ihre Körper, um Nahrung und Sauerstoff zu erlangen. Eine große Vielfalt an Wirbellosen bedeckt jede verfügbare Oberfläche – von Schwämmen und Seescheiden bis zu Hydrozoen und Anemonen.

Im Kampf um ihr kleines Revier verwickeln sie ihre Nachbarn in chemische Kriege. Die Konkurrenz um den Raum hat zu dieser großen Vielfalt von Lebensweisen geführt. Schwämme haben eine Fülle von Chemikalien zur Abschreckung hungriger Tiere entwickelt. In den Furchen ihrer Körper leben winzige Krebstiere, die sich von angesammelten Stoffen ernähren. Wenn Raum ein Problem ist, findet die Evolution neue Wege, auf denen die verschiedensten Tierarten überleben können.

▷ In den nährstoffreichen grünen Gewässern gedeihen Filtrierer gut. Die Seenelken (*Metridium senile*) dieser Gewässer sind die größten der Welt. Vancouver Island, British Columbia, Kanada.

△ Ein Nordpazifischer Riesenkrake (*Enteroctopus dofleini*) spreizt die Arme mit den Saugnäpfen. Vancouver Island, British Columbia, Kanada.

△ Eine Seefeder (*Ptilosarcus gurneyi*), so lang wie ein Arm, filtert in starker Strömung. Vancouver Island, British Columbia, Kanada.

▷ Diese nur etwa 1 cm groß werdende, wissenschaftlich noch nicht beschriebene Anemonenart verbirgt sich in den auf Felsen wachsenden Algen. Kangaroo Island, Australien.

△ Ein Blauaugen-Spitzkopfschleimfisch (*Notoclinops segmentatus*) zeigt seine leuchtenden Farben. Poor Knights Islands, Neuseeland.

△ Diese Käferschnecke (*Plaxiphora obtecta*), ein Weichtier, ist auf dem nackten Fels sehr gut getarnt. Poor Knights Islands, Neuseeland.

△ Prachtsternschnecken der Art *Ceratosoma amoena* bei der Paarung. Poor Knights Islands, Neuseeland.

△ Die leuchtende Zeichnung des Weißstreifen-Kofferfischs (*Anoplocapros lenticularis*) warnt vor seiner Giftigkeit. Kangaroo Island, Australien.

◁ Der männliche Blauaugen-Spitzkopfschleimfisch (*Notoclinops segmentatus*) fühlt sich in einem Bett aus Algen zu Hause. Poor Knights Islands, Neuseeland.

» Die meisten Taucher betrachten Korallenriffe als ultimative Tauchplätze, doch die kalten Felsenküsten bieten ähnlich interessante Erlebnisse. Anstelle von Steinkorallen zieren bunte Schwamm- und Anemonengärten die Felsen, und die Fischschwärme setzen sich aus Arten zusammen, die der an die Tropen gewöhnte Taucher noch nie gesehen hat. Obwohl diese Orte völlig unterschiedliche Einflüsse auf die Evolution ihrer Bewohner ausgeübt haben, ist das Resultat das gleiche – Artenvielfalt, vom kleinsten Schleimfisch bis zum größten Oktopus der Welt. «

△ Asselspinnen (hier *Stylopallene longicauda*) sind näher mit den Spinnen- als mit den Krebstieren verwandt. Kangaroo Island, Australien.

△ Ein männlicher Weißbinden-Lippfisch (*Notolabrus tetricus*) zeigt anhand der Färbung seine Geschlechtsreife. Kangaroo Island, Australien.

KÜNSTLICHE RIFFE

Menschen sind seit jeher eng mit dem Meer verbunden. Als Nahrungsquelle und als Transportweg haben sie die Meere seit undenklichen Zeiten ausgebeutet. Doch sie haben ihre Spuren hinterlassen – Schiffswracks liegen auf dem Grund, Landungsbrücken trennen die Küstenlinie und Ölplattformen erscheinen am Horizont. Obwohl nicht jede künstliche Struktur zu einem marinen Lebensraum wird, beherbergen manche unter der Wasseroberfläche ein reiches Leben. Auf Pfeilern von Landungsstegen und Brücken können sich Kolonien von Seepocken, Entenmuscheln und Schwämmen ansiedeln. Ein ins Meer gespülter Baumstamm kann eine Oase des Lebens auf einem leeren Sedimentboden erschaffen. Im Lauf der Zeit können die Überreste eines längst versunkenen Schiffs ganz andere Passagiere beherbergen. Sogar die größten Bauwerke der Ingenieure können zumindest zeitweise Generationen von Schwarmfischen, Stein- und Fächerkorallen Unterschlupf bieten.

▷ Ein Pazifischer Segeldoktorfisch (*Zebrasoma veliferum*) auf der Nahrungssuche begutachtet die Eier, die auf einem alten Reifen in einem künstlichen Riff abgelegt worden sind. Mabul, Sabah, Malaysia.

△ Orange gebänderte Kardinalfische (*Archamia fucata*) bilden in einem Flugzeugwrack einen Schwarm. Manokwari, Irian Jaya, Indonesien.

» Ob sie nun absichtlich, während eines Sturms oder in einem Krieg versenkt worden sind – Wracks sind Oasen des Lebens. Bei Neuseeland tauchte ich zu einem stillgelegten Schiff der Marine hinab, das absichtlich als Tauchattraktion versenkt worden war und auf dem sich noch Kanonen und Munitionsdepots befanden. Doch in Irian Jaya erlebte ich die besten Wracktauchgänge. Catalina-Bomber beherbergen nun Fächerkorallen und Krokodilfische, in den Laderäumen von Torpedobooten verstecken sich Schwärme winziger Fische, und Panzer sind nur noch mit giftigen Drachenköpfen bewaffnet. Trotz der unheimlichen Atmosphäre, die jedes Wrack umgibt, macht die Vielfalt des Lebens einen derartigen Tauchgang zu einem unvergesslichen Erlebnis. «

▷ Der gespenstische Anblick eines vollständigen Catalina-Flugboots außerhalb des Hafens von Biak. Biak, Irian Jaya, Indonesien.

△ Neben der Reling der HMNZ *Waikato* befinden sich immer noch Ausrüstungsteile an Deck. Tutukaka, Neuseeland.

△ Die Zwillingsgeschütze der HMNZ *Waikato* sind nun von marinem Leben verstopft worden. Tutukaka, Neuseeland.

» Tropische Korallenriffe sind starken Schädigungen ausgesetzt – Umweltverschmutzung, Dynamitfischen und durch El Niño gestiegene Wassertemperaturen fordern ihren Tribut. Doch einige Projekte zur Korallenansiedlung haben zurzeit Erfolg – eine davon ist die Mineralanlagerung mittels elektrischer Spannung. Beim Karang-Lestari-Projekt in Bali wird Gleichstrom an ein Drahtgerüst oder ein Maschendrahtgeflecht angelegt, sodass sich Kalkstein ablagert. Mit dieser zusätzlichen Mineralquelle können die Korallen viel schneller wachsen und an Ort und Stelle gelassen oder verpflanzt werden. Obwohl so nur kleine Riffbereiche wieder aufgebaut werden können, ist es nur eine von vielen Methoden, die benötigt werden, um die Riffe der Welt zu retten. «

△ Ein altes Boot ist mit Drahtgeflecht umhüllt worden, um das Korallenwachstum zu beschleunigen. Pemuteran, Bali, Indonesien.

△ Tischkorallen wachsen auf einem aus Draht errichteten Turm. Pemuteran, Bali, Indonesien.

△ Steinkorallen gedeihen auf einem »Elektroriff«.
Pemuteran, Bali, Indonesien.

△ Die Korallen können vorsichtig entfernt und auf beschädigte Riffbereiche verpflanzt werden. Pemuteran, Bali, Indonesien.

△ Diese Korallen sind zum weiteren Wachsen auf dem Drahtgerüst belassen worden. Pemuteran, Bali, Indonesien.

Wenn man in ein Korallenriff hinabtaucht oder durch einen Kelpwald schwimmt, wird einem klar, dass diese Lebensräume eine unglaubliche Artenvielfalt beherbergen. Ein Besucher dieser Unterwasserwelt wird von hunderten verschiedener Arten von Fischen und Aufwuchsorganismen begrüßt. Von winzigen Wirbellosen bis hin zu einigen der größten Tiere der Welt demonstrieren die Riffe auf faszinierende Weise die Produktivität der Evolution.

Doch warum umfassen diese Lebensräume eine derartige Artenvielfalt? Man hat lange Zeit angenommen, dass sie das Ergebnis der konstanten Lebensbedingungen der Tropen sei, kombiniert mit dem langen Zeitraum, in dem sich das Leben hier entwickelt hat. Neuere Forschungen zeigen dagegen, dass zerstörerische Wirbelstürme und die Auswirkungen von El Niño – kurze, heftige Einschnitte, die die stabilen Bedingungen durchbrechen – der Evolution dabei helfen, sich in unvorhersehbare Richtungen zu entwickeln. In kühleren Gewässern beeinflusst dagegen die sich mit den Jahreszeiten ändernde Verfügbarkeit von Nahrung und Sonnenlicht die Entwicklung. Für die Bewohner kühl-gemäßigter Felsküsten sind die Lebenszyklen von nährstoffreichem Wasser, saisonalen Algenblüten oder der Vermehrung der Beute abhängig. Die verschiedenen Methoden, mit denen sich die Tiere mit diesen Bedingungen auseinandersetzen, haben zur Vielfalt des Lebens in kühleren, strömungsreichen Riffen geführt.

Alles Leben auf der Erde begann im Meer und die Vertreter jeder größeren Gruppe von Organismen können heute noch im Wasser gefunden werden. Winzige einzellige und größere festsitzende Grün-, Rot- und Braunalgen gehören zu den Primärproduzenten, die mithilfe der Fotosynthese Sonnenenergie nutzen und die Basis der Nahrungsketten bilden. Ähnlich wie in den tropischen Regenwäldern demonstrieren die kleinen Wirbellosen die größte Vielfalt. Würmer und Krebstiere, Schwämme und Hydrozoen, Haarsterne und Quallen haben jede verfügbare Nische besetzt – im Reich des Riffs sind die Wirbellosen

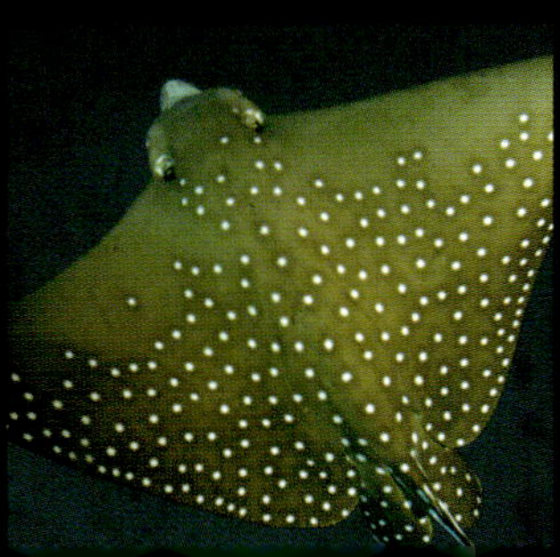

»Als Heimat von 90 Prozent aller marinen Arten sind die Küstenbereiche die reichsten uns bekannten Lebensräume der Ozeane.«

die Herrscher. Menschliche Augen sind nicht in der Lage, die Lebensvielfalt im mikroskopischen Bereich wahrzunehmen. Wir setzen die großen, bunten Tiere mit dem Riff gleich – eine Galerie verschiedener Fische, Schildkröten und Säugetiere. Tiere wie Delfine und Wale sind nur zeitweilige Riffbesucher, während Schildkröten und Seeschlangen hier ständig leben. Haie und Rochen erregen unsere Aufmerksamkeit, doch Knochenfische wie die Grundeln und Lippfische haben die größte Artenvielfalt der tropischen Riffe erreicht. Diese Vielfalt ist jedoch bedroht. Man nimmt an, dass die globalen Bestände der Fische und Meerestiere innerhalb der nächsten 50 Jahre zusammenbrechen werden, wenn der jetzige Trend anhält.

In den abgelegenen Gegenden Irian Jayas in Indonesien sind einige der unversehrtesten Riffe der Welt untersucht worden. Über 970 Fischarten konnten registriert werden – rekordverdächtige 283 während eines einzigen Tauchgangs bei Cape Kri. Außerdem wurden 456 Korallen- und 699 Weichtierarten dokumentiert. In dieser winzigen Inselgruppe findet man also mehr Arten als in der gesamten Karibik. Noch existieren auf der Welt Orte wie Cape Kri – grandiose Beispiele der unglaublichen Kräfte der Evolution.

Vielfalt

» Es gibt so viele wunderschöne Details und Farben unter Wasser, die nur darauf warten, entdeckt zu werden. Fächerkorallen und Steinkorallen wie diese Pilzkoralle zeigen eine Symmetrie, die sie zu perfekten Motiven für die Makrofotografie macht. Ich verbringe viele Tauchgänge damit, nach neuen Farbkompositionen und -kombinationen zu suchen. «

◁ Anders als viele andere Korallen bestehen die Pilzkorallen (hier *Fungia scutaria*) aus einem einzelnen Tier und nicht aus einem Tierstock. Jeder Polyp besitzt einen zentralen Mund, der von den Rippen seines Kalkskeletts umgeben ist. Nachts reckt er seine Tentakel auf Nahrungssuche in die Strömung. Raja Ampat, Irian Jaya, Indonesien.

Weihnachtsbaum-Röhrenwürmer (*Spirobranchus giganteus*) bohren sich mit dem Körper in Steinkorallen, sodass nur noch die bunte Tentakelkrone zu sehen ist. Raja Ampat, Irian Jaya, Indonesien.

Imperatorgarnelen (*Periclimenes imperator*) leben auf den verschiedensten Wirten, wie hier auf einer Seegurke. Sie verlassen sich darauf, dass ihr Wirt Feinde abwehrt. Mabul, Sabah, Malaysia.

gesehen hatte, war es mir nie gelungen, ein Foto nach meinen Vorstellungen zu machen. Während eines Tauchgangs in der Straße von Lembeh im Norden von Sulawesi fotografierte ich gerade Nacktschnecken, als mein Tauchpartner mir signalisierte, dass er etwas gefunden hatte. Versteckt in einer Schwarzen Koralle fand sich diese gut getarnte Tiefsee-Springkrabbe, die mit ihren langen Beinen wirkt, als sei sie einem Science-Fiction-Film entsprungen. «

▷ Der Körper von *Chirostylus dolichopus* ist nicht größer als ein Kinderfingernagel. Die Tiere gehören zu den wenigen Tiefsee-Springkrabben, die sich auch ins flache Wasser tropischer Riffe wagen. Straße von Lembeh, Sulawesi, Indonesien.

Die Fadenschnecke *Flabellina exoptata* frisst Hydrozoen. Sie benutzt deren Nesselzellen zur Verteidigung, indem sie sie in den bunten Cerata ihres Rückens unterbringt. Seaventures, Mabul, Malaysia.

» Sangalaki ist wohl der einzige Ort, den ich besucht habe, an dem die Sepien den Tauchern erlauben, sie bei ihren täglichen Aktivitäten zu begleiten. Man kann die Sepien beobachten, wie sie sich paaren und weiße Eitrauben an den Korallen und verrottenden Palmenstämmen ablegen, doch besonders faszinierend ist ihr Jagdverhalten. Anstatt sich auf Tarnung zu verlassen, zeigen diese Breitarm-Sepien eine verblüffende Zeichnung aus sich schnell über den Körper bewegenden Bändern und verwirren die Beute damit so sehr, dass sie nahe genug an sie herankommen können. «

◁ Wie die meisten Kopffüßer besitzen die etwa so groß wie ein kleiner Hund werdenden Breitarm-Sepien (*Sepia latimanus*) ein komplexes System von Chromatophor-Organen, mit dem sie im Handumdrehen ihre Zeichnung und Farbe ändern können. Sangalaki, Kalimantan, Indonesien.

Ein Wunderpus (*Wunderpus photogenicus*) schwebt im Wasser und erinnert an einen Haarstern oder jungen Rotfeuerfisch. Wie der Mimikry-Oktopus ist er erst vor Kurzem entdeckt worden. Sulawesi, Indonesien.

» Diese winzigen Seepferdchen zu fotografieren ist eine Geduldsprobe – und frustrierend. Sie sind überaus scheu, drehen dem Fotografen den Rücken zu oder dringen tiefer in ihre Fächerkoralle ein. Um es noch schwieriger zu machen, bewohnen sie mit Vorliebe Seefächer, die sich an tiefen, der Strömung ausgesetzten Steilwandbereichen befinden. Der Versuch, diese hervorragend getarnten Fische in einer schwankenden Fächerkoralle zu verfolgen und gleichzeitig auf die Dekompressionsgrenzen und den Luftverbrauch zu achten, ist nicht gerade einfach. «

▷ Vor einigen Jahrzehnten sind die Zwerg-Seepferdchen (*Hippocampus bargibanti*) zufällig auf einer für ein Aquarium gesammelten Fächerkoralle entdeckt worden. Die kaum größer als ein Reiskorn werdenden Fische sind erst in den letzten Jahren in ihren natürlichen Lebensräumen entdeckt worden. Man nimmt an, dass es sich bei den bisher gefundenen sieben oder acht Typen um eigene Arten handeln könnte, doch alle sind gleich schwer zu finden. Mabul, Sabah, Malaysia.

Der junge Schwarzsattel-Feilenfisch (*Paraluteres prionurus*) ahmt den giftigen Sattel-Krugfisch nach – eine gute Taktik, Fressfeinde abzuschrecken, ohne selbst aufwendig Gifte produzieren zu müssen. Abai, Biak, Irian Jaya, Indonesien.

» Diese schönen Fische sind selten und schwer zu finden. Da sie sich kaum bewegen, kann man sie immer wieder besuchen, wenn man sie einmal entdeckt hat. Ich habe viel Zeit damit verbracht, ein Foto zu machen, das einen Einblick in das Tier selbst und seinen Lebensraum gibt. Nach drei Wochen des Fotografierens kehrte ich während des allerletzten Tauchgangs zu diesem Fisch zurück und bekam endlich, was ich wollte, als er sein riesiges Maul in einer Drohgebärde aufriss. «

◁ Tentakel-Drachenköpfe (*Rhinopias frondosa*) gehören zu den schönsten Fischen tropischer Riffe, obwohl ihre Farben nur im Schein des Blitzlichts richtig zur Geltung kommen. Bei natürlichem Licht verschmelzen sie mit ihrer Umgebung und verlassen sich auf ihre Tarnung, um die kleinen Fische zu erbeuten, von denen sie sich ernähren. Straße von Lembeh, Sulawesi, Indonesien.

Die Zeichnung des Blaumasken-Kaiserfischs (*Pomacanthus xanthometopon*) hilft vermutlich bei der Partnersuche, hat aber einen Nachteil – sie lockt auch Fressfeinde an. Südari Atoll, Malediven.

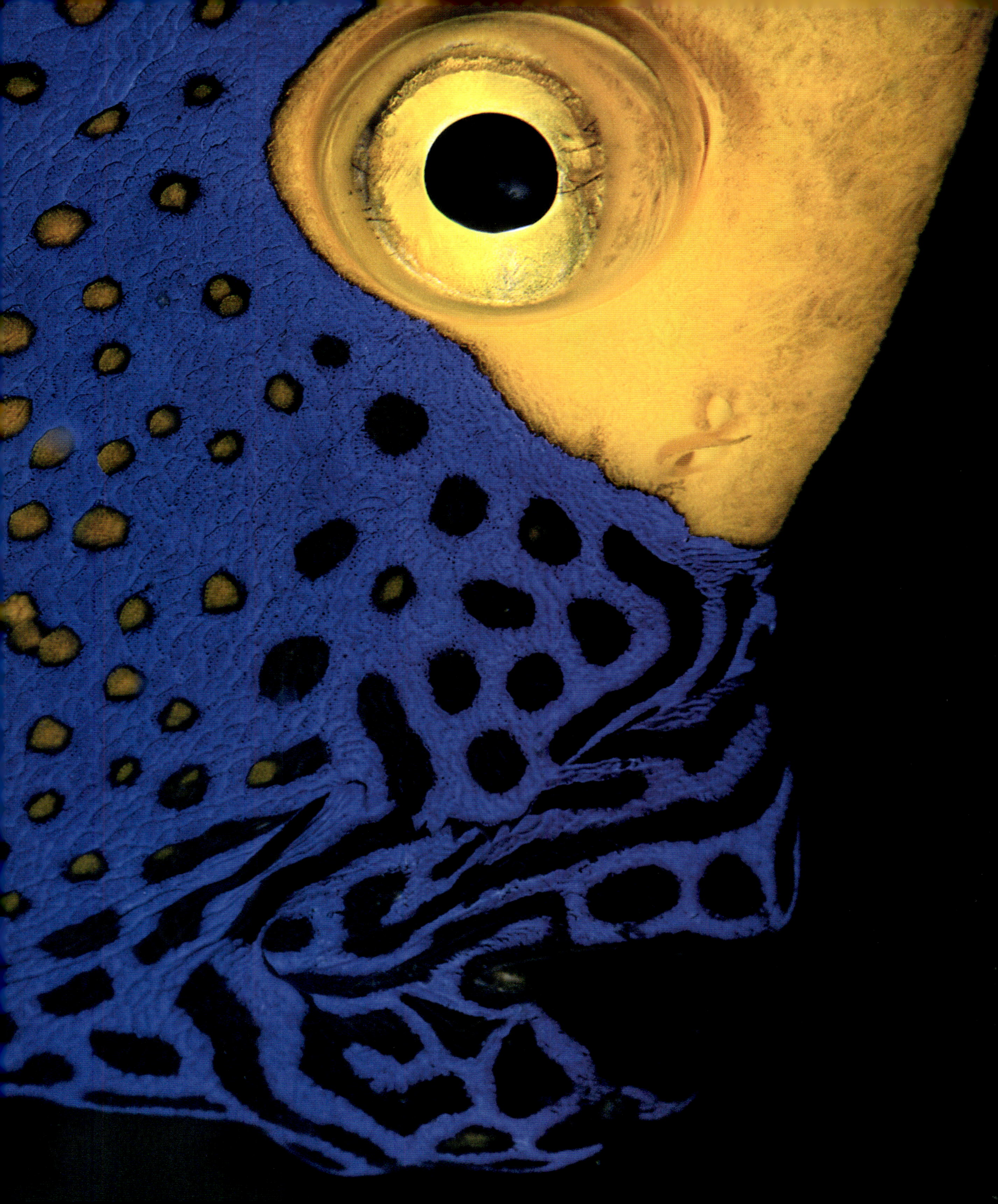

» Eigentlich sind wir nach Südafrika gefahren, um Tiger- und Sandtigerhaie zu fotografieren, doch wegen des scheußlichen Wetters entschlossen wir uns, nach Sodwana zu reisen und unser Glück in den seichten Riffen zu versuchen. Die Kartoffel-Zackenbarsche, die wir hier fanden, machten alles wieder wett. Die großen Fische waren sehr selbstsicher und wichen nicht zurück, als wir uns ihnen näherten. Sie kamen sogar auf uns zu, um zu sehen, was wir fotografierten, und waren scheinbar von ihrem Spiegelbild im Glas des Kameragehäuses fasziniert. «

▷ Der Kartoffel-Zackenbarsch (*Epinephelus tukula*) gehört zu den größten Knochenfischen der Welt und kann über 2 m lang und 100 kg schwer werden. Die Art nimmt eine Schlüsselstellung ein, kontrolliert die Bestände kleinerer Fische und Krebstiere in ihrem großen Revier. Die Fische sind sehr neugierig und untersuchen jeden Neuankömmling in ihrem Riffbereich. Sodwana Bay, Südafrika.

» Bereits seit einigen Tagen hatte ich in einer seichten Bucht der Poor Knights Islands nach Adler- und Stechrochen gesucht. Ich hatte zwar einige gesehen, doch meistens waren sie sehr scheu und sofort wieder verschwunden. Doch einer der Adlerrochen akzeptierte meine Gegenwart und ließ mich sehr nah an den Platz herankommen, an dem er halb im Tang versteckt lag. Er ging auf die Jagd nach im Sand versteckten Beutetieren und kam wieder genau an dieselbe Stelle zurück, sodass ich ihn so fotografieren konnte, wie ich wollte. «

▷ Neuseeland-Adlerrochen (*Myliobatis tenuicaudatus*) sieht man oft an seichten Felsküsten und sogar in Kelpwäldern. Sie graben Krebstiere aus dem Sand oder erbeuten sie auf Steinen, um ihren Panzer mit ihren kräftigen Plattenzähnen zu zerdrücken und sie zu fressen. Poor Knights Islands, Neuseeland.

Manta-Rochen (*Manta birostris*) folgen meist den Meeresströmungen und kommen nur ins Riff, um in durchströmten Kanälen zu fressen oder Putzstationen zu besuchen. Raja Ampat, Irian Jaya, Indonesien.

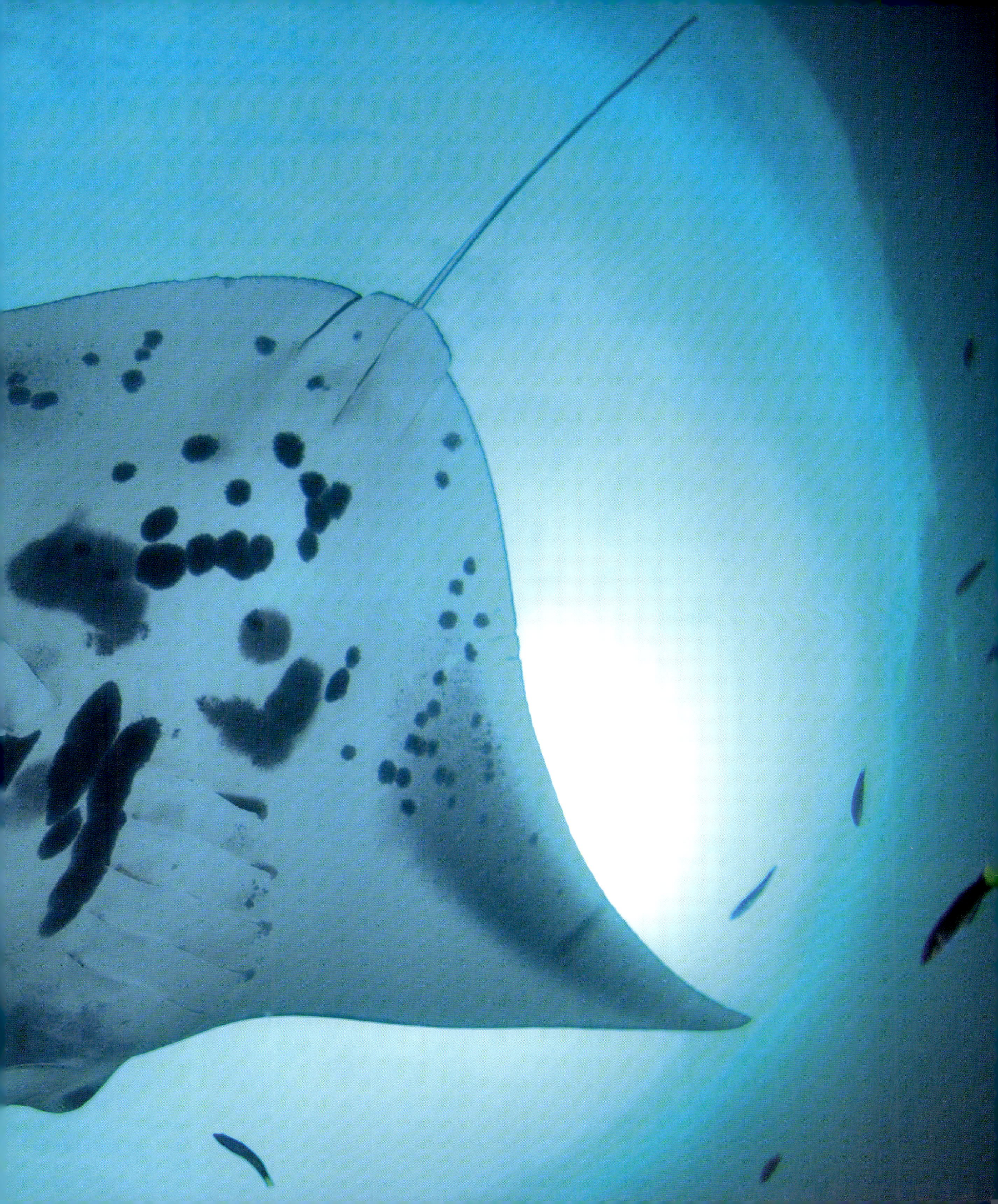

» Wenn es einen Ratschlag gibt, der auf den Sandtigerhai zutrifft, dann, dass man niemals nach dem Äußeren urteilen sollte. Diese furchterregend aussehenden Haie, die immer zu viele Zähne für ihr Maul zu haben scheinen, sind tatsächlich friedliche Tiere, denen man sich nähern kann. Allerdings sollte man beim Tauchen mit diesen Haien wie bei jedem wilden Tier Vorsicht walten lassen und Ihnen den Platz und Respekt gewähren, den sie verdienen. «

◁ Sandtigerhaie (*Carcharias taurus*) kommen in seichten tropischen und subtropischen Gewässern häufig vor. Die auffälligen Zähne helfen ihnen beim Beutefang – kleine Fische können dieser Menge spitzer Zähne nur schlecht entkommen. Sodwana Bay, Südafrika.

» Aliwal Shoals ist für seine gefährlichen Haie sehr gut bekannt. Wir sind dorthin gereist, um Tigerhaie zu fotografieren, aber dann waren es die Schwarzspitzenhaie, die uns die meisten Probleme bereitet haben. Immer wieder tauchten große Gruppen von ihnen aus dem trüben Wasser auf und schossen von unten oder von hinten auf uns zu. Sie schienen von den elektromagnetischen Feldern meiner Blitzgeräte angezogen zu werden und stießen sie immer wieder mit den Schnauzen an – nichts, was ich wirklich erfreulich fand! «

▷ Der Schwarzspitzenhai (*Carcharhinus limbatus*) ist die Hyäne der Unterwasserwelt. Er lebt in Rudeln und zeigt auch vor größeren Räubern nur wenig Furcht. Aliwal Shoals, Südafrika.

» Obwohl sie zu den giftigsten Tieren der Welt gehören, sind Seeschlangen nicht sehr aggressiv. Ich konnte diese alte Schlange mehrere Tage hintereinander beobachten, während sie unter einem über dem Wasser gebauten Resort auf Maratua, Kalimantan, schlief. Eines Abends, als ich nach einem Sonnenuntergangstauchgang hinausschwamm, konnte ich sie auf der Jagd nach kleinen Fischen beobachten. Sie ließ sich nicht stören, als ich ihr bei zunehmender Dunkelheit folgte. Das ruhige, tiefschwarze Wasser bildete einen perfekten Spiegel für ihre Reflexion. «

◁ Wie die Ahnen aller Reptilien haben sich die Vorfahren des Nattern-Plattschwanzes (*Laticauda colubrina*) an das Land angepasst. Erst danach sind sie ins Meer zurückgekehrt. Nattern-Plattschwänze haben noch viele Adaptionen an das Landleben behalten. Sie atmen Luft und gehen zur Eiablage an Land. Maratua, Kalimantan, Indonesien.

Eine Echte Karettschildkröte (*Eretmochelys imbricata*) schwebt über dem Riffdach und ermöglicht es den Putzerfischen, die Parasiten in den Falten ihrer Haut zu fressen. Sipadan, Sabah, Malaysia.

» Auf einer Reise nach Australien konnte ich eine Seelöwen-Kolonie auf einem isolierten Streifen felsiger Küste beobachten. Nachdem ich eine Zeit lang fotografiert hatte, bekam ich plötzlich das Gefühl, beobachtet zu werden. Als ich mich umdrehte, stand ich einem jungen Seelöwen-Männchen gegenüber, das wohl wissen wollte, ob ich mich als Spielkamerad eigne. Obwohl der Seelöwe noch ein Jungtier war – und mit seinen großen dunklen Augen und dem freundlichen Gesichtsausdruck sehr niedlich aussah –, achtete ich darauf, ihm genügend Platz zu lassen und wartete, bis er sich mir näherte. Spielen ist eine Sache, doch Seelöwen sind kräftige Raubtiere, vor denen man Respekt haben sollte. «

▷ Die großen Augen und die Schnurrhaare des Australischen Seelöwen (*Neophoca cinerea*) helfen ihm, in seinen kalten, dunklen Heimatgewässern Nahrung zu finden. Kangaroo Island, Australien.

Spinnerdelfine (*Stenella longirostris*) heißen so wegen ihrer akrobatischen Künste. Sie können 3 m hoch springen und sich dabei drehen, bevor sie wieder eintauchen. Fernando de Noronha, Brasilien.

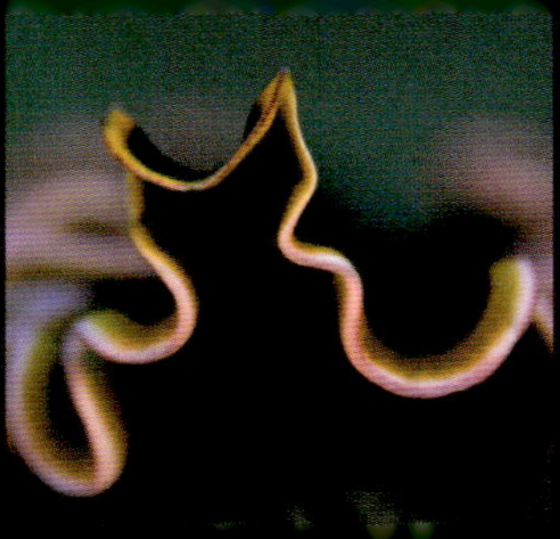

Überleben

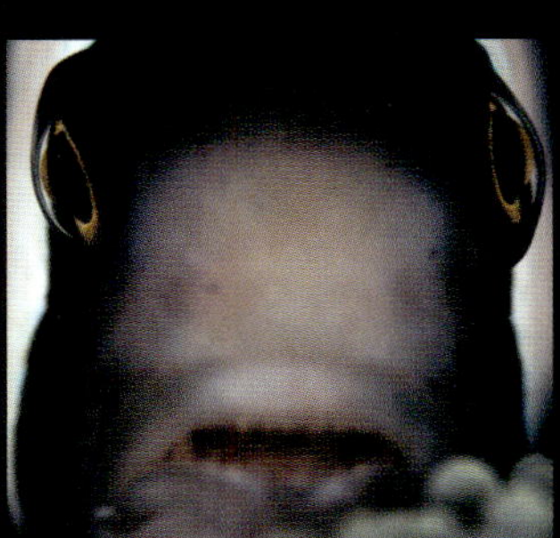

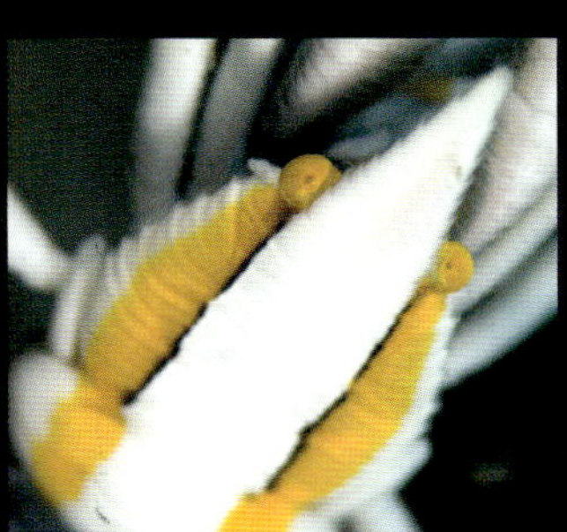

Die bemerkenswerte Vielfalt der im Meer lebenden Arten ist das Ergebnis eines intensiven Wettbewerbs. Was wir heute sehen, ist das Produkt einer Millionen von Jahren andauernden Auseinandersetzung zwischen Algen-, Pflanzen- und Tierarten. Sie hat zu immer spezialisierterem Leben geführt und die Tiere zu neuen Beziehungen gezwungen. Der Anpassungsdruck hat auch zur Entwicklung vieler neuer Arten geführt – eine überwältigende Galerie, die einst Wallace und Darwin mit Ehrfurcht erfüllt hat.

Im Riff gibt es sowohl Produzenten als auch Konsumenten. Produzenten sind Algen, Pflanzen und Steinkorallen, die Sonnenenergie aufnehmen und in Nährstoffe verwandeln können. Im Wettbewerb um Raum und Licht hat der Kelp kühlgemäßigter Gewässer enorme Wachstumsraten entwickelt, sodass er über Konkurrenten hinauswachsen und ihnen das Licht wegnehmen kann. Tropische Korallen führen dagegen mit ihren Nachbarn einen chemischen Krieg um jeden Zentimeter des Riffs. Korallen rekrutieren sogar Krabben als Hilfstruppen, die den angreifenden Seesternen die Füßchen abreißen.

Die Konsumenten des Riffs sind die Tiere, die zum Überleben fressen müssen und keine eigene Nahrung produzieren können. Ihr Drang zur Nahrungssuche hat einen großen Teil der Vielfalt der heutigen marinen Welt begründet. Der Platzbedarf steht für Filtrierer an erster Stelle, da sie vom Zugang zu den nährstoffreichsten Strömungen abhängig sind. Die Konsumenten von Algen oder festsitzenden Tieren müssen Giftcocktails überwinden und verwenden sie oft für ihre eigene Verteidigung. Räuber müssen ihre Beute finden oder anlocken, sie überraschen oder ihr nachjagen. Die Beute muss sich dagegen verstecken, flüchten oder den Räuber abschrecken. Beide Gruppen sind in der klassischen Spirale der Evolution gefangen und entwickeln immer raffiniertere Tarnungen, schärfere Sinne, bösartigere Waffen und unverwüstlichere Panzerungen.

Zwischen verschiedenen Arten haben sich überraschende Beziehungen entwickelt, die

»Wo Raum, Licht und Nahrung begrenzt sind, sind die Organismen zur Anpassung gezwungen, wenn sie überleben wollen.«

ihnen gegenüber Wettbewerbern einen Vorteil verschaffen. Viele davon sind lose, wie etwa zeitweilige Partnerschaften von jagenden Fischen. Andere sind beständiger, wie Grundeln und Knallkrebse oder Anemonen und Anemonenfische zeigen. Wie um einen Beweis für die Beständigkeit dieser Beziehungen zu liefern, ahmen manche Fische Putzerfische nach und missbrauchen so das Vertrauen anderer Tiere.

Zu Überleben ist wichtig, doch um auf Dauer erfolgreich zu sein, muss eine Art das Riff mit ihren Nachkommen bevölkern. Tiere müssen einen Partner finden, Gene müssen ausgetauscht und Eier im Plankton verstreut oder sicher versteckt werden. Im Wasser gibt es die unterschiedlichsten Taktiken, von ungeschlechtlicher Vermehrung, Zwitterbildung und monogamer Paarbindung bis zu Orgien des Massenablaichens, zu Geschlechtsumwandlungen und zur Harembildung bei Männchen und Weibchen. Eier werden im Maul der Eltern gezeitigt, Männchen tragen die Eier der Partnerin und Larven fressen einander noch im Mutterleib auf. Im Riff hat der Drang, Licht und Nahrung zu finden und sich zu vermehren dazu geführt, dass keine Lebensweise nicht schon einmal ausprobiert worden wäre.

Überleben

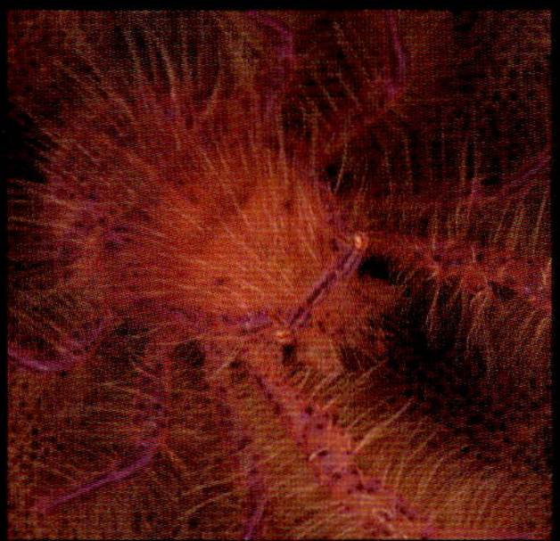

Jäger des Riffs

Durch das Ausmerzen der Schwachen, Alten und Kranken fördern die Räuber im Riff die Gesundheit der Populationen ihrer Beutetiere.

△ Eine Suppenschildkröte (*Chelonia mydas*) verzehrt eine Qualle im Riff.
▷ Der Tigerhai (*Galeocerdo cuvier*) steht an der Spitze der Nahrungskette und jagt meist nachts.

Räuber erbeuten andere Tiere zum Überleben – und es gibt viele Arten des Fressens und des Gefressenwerdens. Nacktschnecken können andere Schnecken oder sessile Tiere chemisch orten und in Zeitlupe verschlingen. Andere Wirbellose wie die Riesenkraken spüren mit ihren langen Armen Krebstiere oder kleine Fische auf. Ihre Verwandten, die Sepien, benutzen Tentakel, mit denen sie die Beute blitzschnell ergreifen können. Das erste Beinpaar der Fangschreckenkrebse ist mit Dornen oder Keulen ausgestattet, mit denen sie ihre Beute aufspießen oder erschlagen können.

Viele Jäger verfügen über spezielle Sinnesorgane. Haie können zum Beispiel die elektrischen Felder von Tiermuskeln wahrnehmen, auch wenn die Beute im Sand vergraben ist. Man nimmt an, dass der bizarre Kopf des Hammerhais die Genauigkeit dieses besonderen Sinns erhöht. Viele Räuber jagen aktiv nach Beute, wohingegen andere gut getarnt im Riff lauern. Für manche sind Unbeweglichkeit und Geduld der Schlüssel zum Erfolg, während für andere die Geschwindigkeit entscheidend ist – Anglerfische können von allen bekannten Fischen am schnellsten zuschnappen.

DAS RIFF ALS NAHRUNGSQUELLE

Schwämme und Korallen tragen zum Wachstum des Riffs bei und dienen vielen Tieren als Nahrung. Drückerfische haben zum Beispiel einen sehr abwechslungsreichen Speisezettel. So fressen sie auf der Suche nach anderen Tieren manchmal sogar Weichkorallen. Manche Tierarten sind nur auf Korallen oder Schwämme spezialisiert. Der berüchtigte Dornenkronen-Seestern ist ein gefräßiger Vertilger von Steinkorallen und kann ganze Riffbereiche zerstören. Er stülpt seinen Magen über die

lebenden Korallen, ve
und hinterlässt nur w
Büffelkopf-Papageifis
mit ihrem Skelett, da
wird. So ist der Sand
bereits durch einen P
sich zu schützen, brau
Giftcocktail oder besi
ches Silikatskelett. Di
gehört jedoch zu den
lich von Schwämmen

◁ Dornenkronen-Seesterne (*Acanthaster planci*) sind in tropischen Riffen nicht selten und ermöglichen die Ansiedlung neuer Arten, indem sie Bereiche des Riffs kahlfressen. Doch wenn die Fressfeinde der Seesterne oder ihrer im Plankton treibenden Larven durch Überfischung und Umweltverschmutzung dezimiert werden, können die Dornenkronen zur Plage werden und ein ganzes Riffsystem in wenigen Monaten zerstören. Sulawesi, Indonesien.

» Das Atoll Layang Layang ist am besten dafür bekannt, Tauchern aufregende Begegnungen mit großen Haien zu ermöglichen. Während eines Tauchgangs früh am Morgen fand ich jedoch einen kleineren Riffbewohner viel aufregender. Leoparden-Drückerfische sind für gewöhnlich ausgesprochen scheue Tiere, die fortschwimmen, bevor man sie fotografieren kann. Doch dieses Tier ließ sich überhaupt nicht von mir stören. Ich konnte den Fisch fotografieren, als er einige Bissen der leuchtenden Weichkorallen fraß, ein Verhalten, das ich bei dieser Art noch nie zuvor beobachtet hatte. «

▷ Der Leoparden-Drückerfisch (*Balistoides conspicillum*) gehört zu den wenigen Arten, die auch gelegentlich Weichkorallen fressen. Layang Layang, Sabah, Malaysia.

▽ Der Büffelkopf-Papageifisch (*Bolbometopon muricatum*) beißt Stücke von lebenden und toten Korallen ab und ist von morgens bis abends auf Nahrungssuche. Sipadan, Sabah, Malaysia.

» Der letzte Platz, an dem man eine Meeresschildkröte erwartet, ist unter einer alten Ölplattform. Als ich unter der in ein künstliches Riff umgewandelten Bohrinsel nach Anglerfischen suchte, bemerkte ich eine Echte Karettschildkröte, die neben einer der großen Metallstützen etwas ausgrub. Zu den Lieblingsspeisen dieser Schildkröten gehören kleine Krusten bildende Schwämme, die versteckt unter alten Korallenbruchstücken wachsen. Haben sie einmal den Schutt beiseite geräumt und zu fressen begonnen, kann sie nichts mehr von der Suche nach diesen Leckerbissen abhalten. Auf diese Weise gelangen mir einige Aufnahmen aus nächster Nähe. «

▽▷ Die Echte Karettschildkröte (*Eretmochelys imbricata*) setzt ihre Vorderbeine und Kiefer ein, um Schwämme vom Untergrund abzulösen. Schwämme bilden die Nahrungsgrundlage dieser prächtigen Meeresschildkröten. Mabul, Sabah, Malaysia.

AUF DER LAUER

Lauerjäger verlassen sich auf eine Kombination von Tarnung, Geschwindigkeit und Täuschung, um ihre Beute zu überlisten. Drachenköpfe liegen zwischen Steinen und Korallen versteckt und warten auf eine Chance, ihr Opfer zu ergreifen, während sich Eidechsenfische oft im Sand eingraben und nur das Maul herausschauen lassen. Das erste Beinpaar der Fangschreckenkrebse ist keulenartig geformt oder trägt scharfe Stacheln. Sie bewohnen dauerhafte, in den Sand gegrabene Höhlen und warten darauf, andere Krebstiere oder vorbeischwimmende Fische zu erbeuten. Die ultimativen Lauerjäger des Riffs sind jedoch die Anglerfische. Der perfekten Tarnung, der lockenden Angel und dem am schnellsten zuschnappenden Maul unter den Meerestieren entgeht kaum ein Fisch.

◁ Der auf der Lauer liegende Eidechsenfisch (*Trachinocephalus myops*) hat eine Grundel oder einen Schleimfisch erwischt. Um die Beute zu überlisten, hatte er sich im Sand eingegraben, sodass nur Kopf und Maul herausschauten. Straße von Lembeh, Sulawesi, Indonesien.

» Die seichte Straße von Lembeh ist ideal, um das Verhalten von Tieren zu beobachten. Ich wollte Fische bei der Paarung fotografieren und folgte einem Pärchen Teufelsfische über eine Stunde lang. Das Männchen versuchte das Weibchen zu beeindrucken, indem es seinen Körper schüttelte und erzittern ließ. Allerdings war sein Verhalten wohl nicht überzeugend genug, da das Weibchen sich das kleinere Tier schnappte und mit dem Kopf voran verschluckte. Ich konnte noch einige Fotos machen, bevor das Männchen im Magen seiner Partnerin verschwunden war. In wenigen Sekunden war es vom potenziellen Partner zur willkommenen Mahlzeit geworden. «

▷ Der Teufelsfisch (*Inimicus didactylus*) ergreift seine Beute – mitunter sogar Angehörige seiner eigenen Art – mit einem blitzschnellen Zuschnappen, sobald sie in Reichweite ist. Straße von Lembeh, Sulawesi, Indonesien.

◁ Der Gestreifte Anglerfisch (*Antennarius striatus*) ist wie alle Anglerfische in der Lage, Beute zu verschlingen, die nahezu so groß wie er selbst ist – wie die hier gezeigte, gut getarnte Flunder. Trotz seines großen Mauls und dehnbaren Magens war die Beute allerdings zu groß und wurde schließlich wieder ausgespuckt – allerdings schon tot. Straße von Lembeh, Sulawesi, Indonesien.

▷ Das Zuschnappen des Rundflecken-Anglerfischs (*Antennarius pictus*) ist das schnellste nachgewiesene unter den Meerestieren und könnte ihm sogar den Rekord unter allen Tieren sichern. Auch mit kurzen Belichtungszeiten kann die Kamera den Moment nicht exakt festhalten, doch das Geschick dieses Lauerjägers ist eindeutig zu erkennen. Straße von Lembeh, Sulawesi, Indonesien.

» Ich tauchte gerade über einer Sandfläche vor Mabul, als ich aus dem Augenwinkel einen Krokodilfisch nach etwas schnappen sah. Enttäuscht, dass ich die Chance verpasst hatte, diesen Räuber beim Fressen zu fotografieren, schwamm ich zu ihm und sah, dass er sich seltsam benahm – er spreizte die Kiemendeckel ab und wand sich auf dem Sand hin und her. Als ich mich näherte, öffnete der Krokodilfisch plötzlich das Maul, in dem ich einen Wels erkennen konnte. Ich konnte ein einziges Foto machen, bevor er sein Opfer »aushustete«, das sofort offensichtlich unverletzt davonschwamm. «

◁ Krokodilfische (*Cymbacephalus beauforti*) warten gut getarnt auf dem Grund auf ihre Beute. Kleine Fische entkommen kaum dem blitzschnellen Zuschnappen, doch können sie es überleben. Dieser Gestreifte Korallenwels (*Plotosus lineatus*) hatte seine stachligen Kiemendeckel abgespreizt und sich im Schlund des Räubers verkeilt, um nicht verschluckt zu werden. Mabul, Sabah, Malaysia.

» Fangschreckenkrebse sind unglaublich kräftige Tiere, sodass man beim Fotografieren größerer Exemplare gut achtgeben sollte. Sie sind aggressiv und verteidigen ihr Revier. Wenn Sie ihr Spiegelbild im Glas des Kameragehäuses sehen, können sie zuschlagen und die Scheibe zerkratzen oder sogar zertrümmern. Ich habe Gläser gesehen, die von einem einzigen Schlag eines Fangschreckenkrebses zerstört worden sind. «

◁ Ein noch nicht beschriebener Speerer (*Lysiosquillina* sp.) richtet sich auf, bereit zum Zuschlagen. Straße von Lembeh, Sulawesi, Indonesien.

▷ Fangschreckenkrebse (hier der Speerer *Lysiosquillina maculata*) setzen das kräftige erste Beinpaar beim Angriff ein. Sie verlassen sich dabei auf scharfe Dornen oder schwere, keulenartige Verdickungen, um die Beute zu töten oder sie zu betäuben. Straße von Lembeh, Sulawesi, Indonesien.

PIRSCHJÄGER

◁▽ Die Fangtentakel von Pfeffers Prachtsepie (*Metasepia pfefferi*) tragen Saugnäpfe, die der Beute keine Chance zum Entkommen lassen. Kapalai, Sabah, Malaysia.

Pfeffers Prachtsepie ist einer der bemerkenswertesten Pirschjäger tropischer Riffe und trotz der geringen Größe ein tödlicher Räuber. Wie die meisten Kopffüßer passt sich die Sepie mit ständig wechselnden Farben und Zeichnungen an den Untergrund an. Dieser Räuber »läuft« eher als dass er schwimmt und benutzt dazu die unteren Arme und die paarigen Hautlappen unter dem Körper – wahrscheinlich um seine Position nicht der Beute zu verraten. Die Tiere besitzen auch lange, ausstreckbare Fangtentakel. Es ist jedoch das Farbspiel, das dieser Sepie den Titel des ultimativen Pirschjägers eingebracht hat. Bei der Jagd generiert sie oft sich über den Körper bewegende schwarze und weiße Bänder, die die Beute verwirren. So kann die Sepie nahe genug herankommen, um zuzuschlagen.

△ Roter Oktopus (*Octopus cyanea*).

△ Krokodilfisch (*Cymbacephalus beauforti*).

△ Bärtiger Teppichhai (*Eucrossorhinus dasypogon*).

△ Breitarm-Sepie (*Sepia latimanus*).

△ Dornrücken-Kofferfisch (*Lactoria fornasini*).

△ Flughahn (*Dactyloptena orientalis*).

△ Pazifischer Trompetenfisch (*Aulostomus chinensis*)

△ Boers Fledermausfisch (*Platax boersii*)

△ Blaupunkt-Stechrochen (*Taeniura lymma*)

△ Großaugen-Igelfisch (*Cyclichthys orbicularis*).

△ Juwelen-Zackenbarsch (*Cephalopholis miniata*).

△ Weißfleck-Kugelfisch (*Arothron hispidus*).

△ Gefleckter Büschelbarsch (*Cirrhitichthys oxycephalus*).

» Ein guter Fotograf präsentiert dem Betrachter eine Verbindung mit dem Motiv, die nur auf eine einzige Weise erreicht werden kann – durch Augenkontakt. Die Vielfalt der Augen im Bild festzuhalten ist eine Herausforderung, doch ist es verblüffend, wie viel man dabei lernen kann. Jäger wie der Trompetenfisch besitzen eine längliche Netzhaut, sodass sie Entfernungen direkt vor sich abschätzen können, wohingegen die Augen der Lauerjäger von Hautlappen und Fransen verborgen werden. Die großen Augen der Beutearten erlauben dagegen eine »Fisheye«-180°-Rundumsicht, um sich nähernde Räuber zu bemerken. «

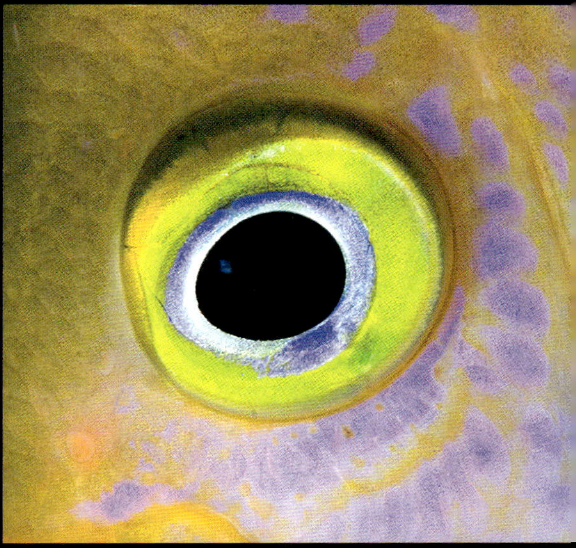

△ Goldener Riffbarsch (*Amblyglyphidodon aureus*).

Kurzflossen-Zwergfeuerfisch (*Dendrochirus brachypterus*).

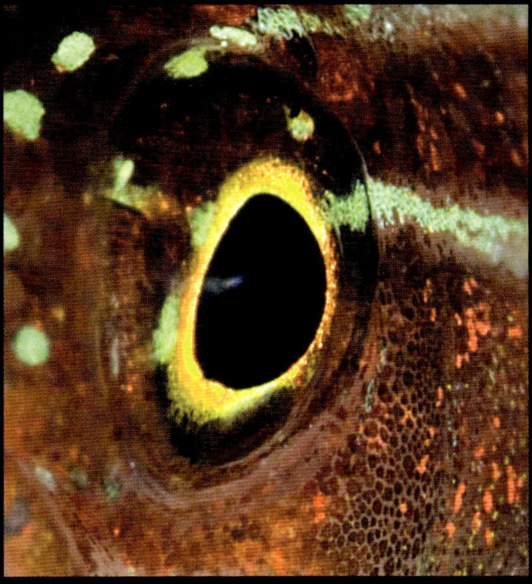

△ Gestreifter Dreiflosser (*Helcogramma striata*).

△ Goldband-Süßlippe (*Plectorhinchus polytaenia*).

ERFOLGREICHE JÄGER

Raubfische, die ihre Beute aktiv verfolgen, benutzen dazu eine Vielfalt von Techniken. Sehen, Riechen und Schmecken sind entscheidend, obwohl manche Fische auch ungewöhnliche Sinne wie die Wahrnehmung von elektrischen Feldern besitzen. Schnelligkeit und Kooperation sind für so unterschiedliche Jäger wie Haie und Makrelen ebenfalls wichtig. Rochen sind dagegen eher Einzelgänger und vertrauen auf ihre eigenen Fähigkeiten, im Sand versteckte Beute zu finden. Was Kiefer und Zähne betrifft, hängt es davon ab, ob der Räuber auf eine bestimmte Beute spezialisiert ist oder ob er als Opportunist nahezu alles frisst. Wie auch immer ihre Taktik ist – alle Jäger haben sich so entwickelt, dass sie ihre Beute so effektiv wie möglich finden und fangen können.

△▷ Von vorn betrachtet, wirkt der lange, schlanke Körper des Pazifischen Trompetenfischs (*Aulostomus chinensis*) viel kleiner als er ist – eine Täuschung, die es ihm erlaubt, nah an seine Beute heranzukommen. Straße von Lembeh, Sulawesi, Indonesien.

» Ich war nach einem langen, enttäuschenden Tauchgang, auf dem ich eine neue Zwergseepferdchen-Art finden wollte, bereits wieder aufgetaucht, als neben mir eine Seeschlange Atem holte. In der nächsten Stunde versuchte ich, dem geschmeidigen Räuber in der Strömung zu folgen und ihn auf der Jagd im seichten Riff zu fotografieren. «

▷ Der Nattern-Plattschwanz (*Laticauda colubrina*) besitzt einen abgeflachten, ruderähnlichen Schwanz, der ihn im Wasser antreibt. Raja Ampat, Irian Jaya, Indonesien.

△ Wie die landlebenden Schlangen verlässt sich die Javanische Warzenschlange (*Acrochordus javanicus*) auf Rezeptoren auf ihrer gegabelten Zunge, um Beute zu finden. Manado, Sulawesi, Indonesien.

» Riesenlippfische werden viele Jahre alt und können sehr zahm werden. Dieses Exemplar lebte in einer für Langusten bekannten Umgebung und war daran gewöhnt, viele Taucher zu sehen. Während meiner Tauchgänge in seinem Revier schwamm der Fisch oft nur Zentimeter vor meinem Gesicht umher und knabberte sogar an meiner Kamera. Ich hatte den Verdacht, dass er von Tauchern gefüttert worden war und von mir eine Schnecke oder sogar eine Languste erwartete. «

▷ Der Riesenlippfisch (*Achoerodus gouldii*) ähnelt im Körperbau einem Zackenbarsch. Seine dicken Lippen und die kegelförmigen Zähne sind ideal, um Muscheln, Krabben und Seeigel zu fressen. Kangaroo Island, Australien.

△ Die kräftigen Kiefer des Kartoffel-Zackenbarschs (*Epinephelus tukula*) werden sowohl mit Krebstieren als auch mit Fischen fertig. Sodwana Bay, Südafrika.

»Stachelmakrelen bei ihrer Jagd zu beobachten ist faszinierend. Die Sardinenschwärme explodieren regelrecht, wenn die Raubfische durch sie hindurchjagen. Das Spektakel wird durch einen Regen winziger, silbriger Schuppen vervollständigt, der nach erfolgreichen Angriffen herabrieselt – alles, was von den weniger Glücklichen übrig geblieben ist.«

◁ Großaugen-Stachelmakrelen (*Caranx sexfasciatus*) jagen in Gruppen, wobei sie sich auf ihre Geschwindigkeit und ihr Geschick, kleine Gruppen ihrer Beute vom Schwarm abzudrängen, verlassen. Fernando de Noronha, Brasilien.

» Schwarzpunkt-Stechrochen sind auf den Malediven ein üblicher Anblick und es ist nicht ungewöhnlich, jeden Tag einen von ihnen zu sehen. Etwas anderes ist es, einen der Rochen beim Fressen zu beobachten. Wir hatten Glück, diesem großen Tier folgen zu können, als es unter dem Geröll Nahrung suchte. Wenn es etwas gefunden hatte, das größere Anstrengungen beim Entfernen des Sands nötig machte, krümmte es seinen breiten Rücken und pumpte Wasser unter seinen Körper – ein bemerkenswerter Anblick. «

▽ Schwarzpunkt-Stechrochen (*Taeniura meyeni*) suchen ihre Nahrung wie die meisten Rochen auf dem Grund. Sie finden sie mit dem Geruchssinn und zerdrücken sie mit den Plattenzähnen. Felidhoo-Atoll, Malediven.

Wasser – sie benutzen dazu ihre siebähnlichen Kiemen. Sangalaki, Kalimantan, Indonesien.

» Tigerhaie sind wegen ihres begründeten Rufs, sehr gefährlich zu sein, berüchtigt. Sie können fast alles fressen, und auch ein Probebiss mit ihren starken Kiefern und scharfen Zähnen kann ernsthafte Schäden verursachen. In Aliwal, wo diese Aufnahme entstanden ist, interessierten sich mehrere große Weibchen für die Kameras – und die Fotografen. Begleitet von Sicherheitstauchern waren wir nicht in Gefahr, doch von einem 4 m langen Tigerhai angestoßen zu werden, erhöht den Adrenalinspiegel mit Sicherheit. «

▷ **Der Tigerhai (*Galeocerdo cuvier*) frisst fast alles, von Vögeln über Schildkröten und Säugetiere bis zu Fischen, Krebstieren und sogar anderen Haien. Mit den starken Kiefern, den großen Nasengruben und den Reihen von Elektrosensor-Gruben ist er ein gefährlicher Räuber. Aliwal Shoals, Südafrika.**

»Ich hatte das Glück, dass ich auf meinen Tauchgängen schon vielen verschiedenen Haiarten auf der ganzen Welt begegnet bin, und ich war immer wieder von der Kraft und Schönheit dieser Jäger beeindruckt. Ja, sie können gefährlich sein, und ja, man sollte sich vor ihnen in Acht nehmen. Doch lasse ich keine Gelegenheit aus, Haie zu fotografieren – und ich versuche immer, den Eindruck von Anmut und Macht bei diesen Räubern festzuhalten. Haie sind erstaunliche Geschöpfe. Ich hoffe, durch die richtige Darstellung ihres Wesens etwas zu ihrem Schutz beitragen zu können, bevor sie aus den Riffen verschwunden sind.«

△ Sandtigerhaie (*Carcharias taurus*) nutzen ihre vielen Zähne, um während ihrer nächtlichen Beutezüge kleine Fische und Kopffüßer zu erbeuten. Sodwana Bay, Südafrika.

△ Die meisten Tigerhaie (*Galeocerdo cuvier*) sind opportunistische Räuber, deren Zähne auch den Panzer einer Meeresschildkröte durchdringen können. Aliwal Shoals, Südafrika.

△ Schwarzspitzenhaie (*Carcharhinus limbatus*) jagen in Gruppen und nutzen ihre Geschwindigkeit und die erzeugte Verwirrung aus, um ihre Beute zu erlegen. Aliwal Shoals, Südafrika.

△ Leopardenhaie (*Stegostoma fasciatum*) fressen Muscheln und Krebstiere, die sie mit ihren kräftigen Kiefern zerdrücken. Sipadan, Sabah, Malaysia.

△ Der Pelagische Fuchshai (*Alopias pelagicus*) ist ein Bewohner größerer Tiefen, der seinen ungewöhnlichen Schwanz benutzt, um kleine Fische zu betäuben. Monad Shoals, Malapascua, Philippinen.

Waffen & Rüstung

Die Riffe sind Schauplatz des Wettbewerbs zwischen Jäger und Beute mithilfe immer raffinierterer Waffen und Verteidigungsmaßnahmen.

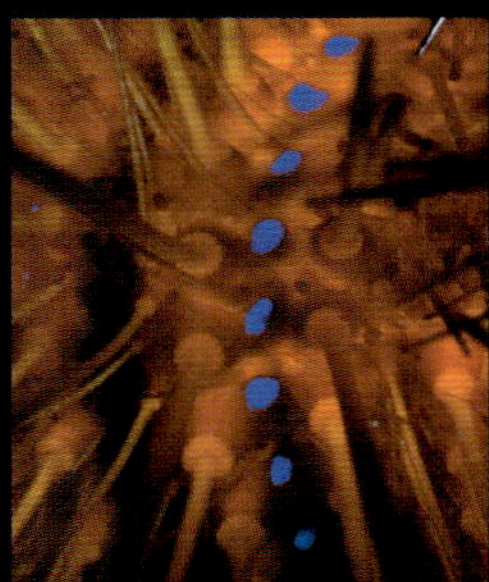

△ Die Fadenschnecke *Pteraeolidia ianthina* zeigt ihre Labialtentakel.
▷ Ein kleiner Antennenfeuerfisch (*Pterois antennata*) im Schutz seiner Flossenstrahlen.

Für Beutetiere bedeutet Überleben, nicht gefressen zu werden. Flucht ist dazu das einfachste Mittel und die meisten Fische beherrschen einen schnellen Spurt. Die übrigen müssen andere Maßnahmen entwickeln. Toxine werden von Plattwürmern, Nacktschnecken und Fischen eingesetzt, die ihre Ungenießbarkeit mit grellen Farben ankündigen. Andere ahmen diese Warnfärbung nach, ohne selbst Gifte zu produzieren. Man kann sich Räuber auch mit giftigen Nachbarn vom Leib halten. Boxerkrabben tragen zum Beispiel Anemonen auf ihren Scheren. Kann man dem Angriff nicht ausweichen, ist die nächstbeste Lösung, ihn zu überleben. Seepferdchen schützen sich mit Knochenplatten, Rotfeuerfische mit giftigen Flossenstrahlen und Stechrochen mit Giftstacheln am Schwanz.

Für Räuber bedeutet Überleben, diese Verteidigungen zu überwinden. Geschwindigkeit, Tarnung und scharfe Sinne sind wichtig, doch gibt es noch weitere Möglichkeiten. Oktopoden besitzen scharfe Schnäbel und Gifte, Muränen zusätzliche Zähne und Seeschlangen extrem starke Gifte. Sogar Kegelschnecken haben einen Giftpfeil, der für Menschen tödlich sein kann.

Harlekingarnelen (*Hymenocera elegans*) leben territorial in Paaren und jagen gemeinsam Seesterne. Man nimmt an, dass die nur 2 cm großen Tiere ihre Zeichnung zur Kommunikation einsetzen. Straße von Lembeh, Sulawesi, Indonesien.

» Ich suchte in der Straße von Lembeh nach Anglerfischen, als ich eine große Gruppe von Seeigeln bemerkte. Als ich mich näherte, erhob sich einer von ihnen aus dem Sand und »lief davon«. Bei näherem Hinsehen stellte sich heraus, dass er auf dem Rücken einer Krabbe saß, die ihn zu ihrem Schutz benutzte. Neugierig geworden, näherte ich mich und fand ein Pärchen Seeigelkrabben, verschiedene Garnelen und sogar einige Jungfische, die sich zwischen den Stacheln verbargen und denen der Seeigel als Versteck diente. «

▷ Die Seeigelkrabbe (*Zebrida adamsii*) ist klein genug, um zwischen den Stacheln eines Seeigels zu leben. Mit den Haken an ihren Beinen hält sie sich an ihnen fest. Straße von Lembeh, Sulawesi, Indonesien.

△ Die Krabbe (*Dorippe frascone*) trägt einen schönen, aber sehr scharfstachligen Seeigel mit sich umher – eine Form der Verteidigung, die nur wenige Räuber durchbrechen können. Straße von Lembeh, Sulawesi, Indonesien.

» Wegen ihrer unglaublichen Farben und Strukturen zählen Seeigel zu meinen liebsten Makro-Motiven. Im Schein des Blitzlichts bilden ihre lebhaften Farben – Neonblau-, tiefe gesättigte Rot- und manchmal sogar leuchtende Gelbtöne – einen perfekten Hintergrund. Man braucht nur noch einen winzigen Jungfisch, wie diesen Banggai-Kardinalbarsch, um das Bild perfekt zu machen. «

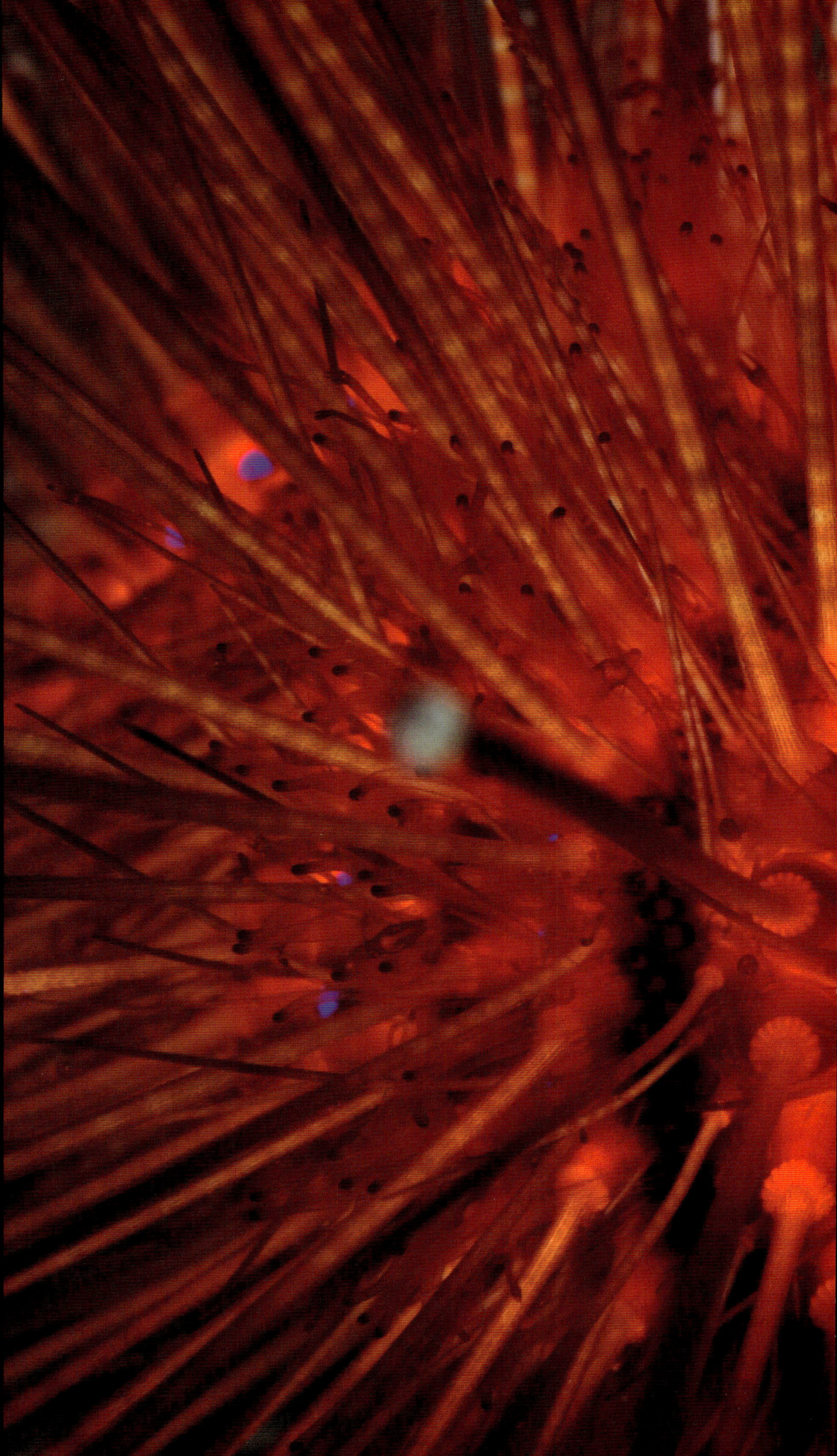

▷ Banggai-Kardinalbarsche (*Pterapogon kauderni*) verbringen ihr ganzes Leben in der Nähe von Seeigeln. Jungtiere wie das abgebildete sind klein genug, um sich in den kürzeren Stacheln des lebhaft gefärbten Diademseeigels (*Astropyga* sp.) zu verstecken, während die Erwachsenen die Diademseeigel der Gattung *Diadema* mit ihren langen, nadelartigen Stacheln bevorzugen. Straße von Lembeh, Sulawesi, Indonesien.

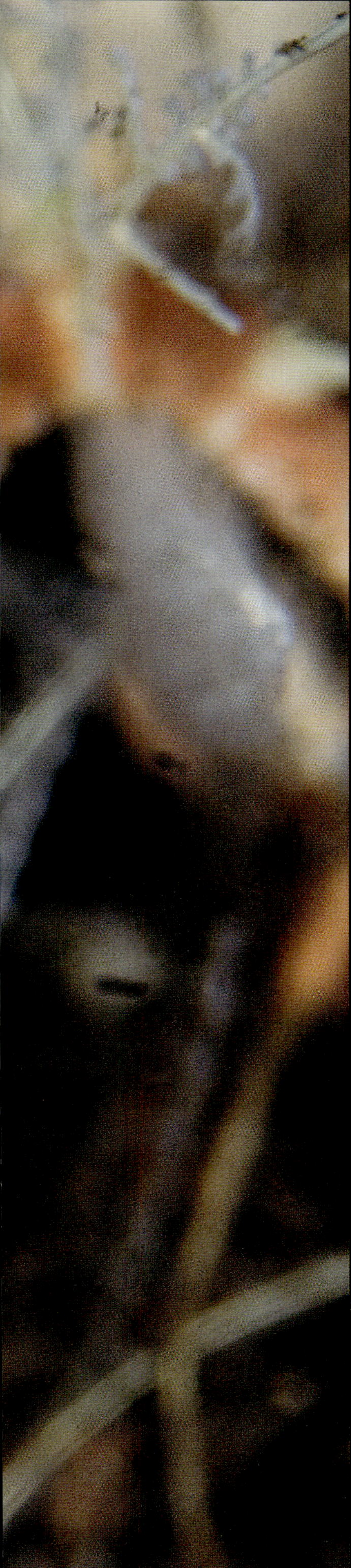

» Während wir in den Gewässern von Sulawesi filmten, konnte ich mich von der Wirksamkeit der Panzerung dieser kleinen Fische überzeugen. Als ein Seepferdchen über den Grund schwebte, wurde es plötzlich von einer Flunder ergriffen, die im Sand versteckt gelauert hatte. Sie verschluckte ihre Beute sofort, spuckte sie jedoch in Sekundenschnelle wieder aus. Das Seepferdchen schwamm davon, offensichtlich unverletzt und ohne einen Kratzer abbekommen zu haben. Die Kombination aus Panzerung und kleinen Dornen reichte wohl aus, dem Jäger das Mahl zu verderben. «

◁ **Das Dornige Seepferdchen (*Hippocampus histrix*) besitzt wie alle Seepferdchen eine aus kräftigen Knochenplatten bestehende Panzerung, die seinen gesamten Körper umgibt. Seraya, Bali, Indonesien.**

△ **Trotz seiner Knochenpanzerung schützt sich das Dornige Seepferdchen (*Hippocampus histrix*) zusätzlich durch eine gute Tarnung. Mabul, Sabah, Malaysia.**

◁ Der Körper des Dornrücken-Kofferfischs (*Lactoria fornasini*) ist, wie bei Kofferfischen üblich, durch Modifikationen von Haut und Schuppen geschützt – die erste Verteidigungslinie, wenn Warnungen nichts genützt haben. Straße von Lembeh, Sulawesi, Indonesien.

» Mit ihrem unbeholfenen Schwimmstil wirken Kofferfische im Wasser recht komisch. Den gepanzerten Körpern fehlt die für andere Fische typische Geschmeidigkeit. Leider haben diese Rüstungen einen weit weniger erwünschten Nebeneffekt – sie behalten ihre Form, auch wenn der Fisch getrocknet worden ist, sodass der Trockenfisch zum gefragten Touristen-Souvenir wird. Es ist nicht ungewöhnlich, Kuhfische neben Muschelschalen und gebleichten Korallen auf südostasiatischen Marktständen zu finden. Wenn sie dann umringt von anderen toten Meerestieren auf einem Tisch liegen, wirken diese Fische eher traurig als komisch. «

△ Der Kuhfisch (*Lactoria cornuta*) trägt Hörner – wie das Tier, das ihm seinen Namen geliehen hat. Straße von Lembeh, Sulawesi, Indonesien.

△ Junge Kuhfische (*Lactoria cornuta*) lassen sich erst im Riff nieder, wenn ihre Panzerung ausgebildet ist. Straße von Lembeh, Sulawesi, Indonesien.

△ Junge Gelbe Kofferfische (*Ostracion cubicus*) besitzen giftigen Schleim und eine Panzerung. Straße von Lembeh, Sulawesi, Indonesien.

△ Nur Maul, Flossen und Augen schauen aus dem Panzer des jungen Solor-Kofferfischs (*Ostracion solorensis*) heraus. Mabul, Sabah, Malaysia.

△ Ein Geäderter Oktopus (*Octopus marginatus*) versteckt sich zeitweilig in einer zerbrochenen Flasche. Oktopoden sind sehr intelligent und können sich leicht an Veränderungen in ihrer Umgebung anpassen. Straße von Lembeh, Sulawesi, Indonesien.

Seine hervorragende Tarnung und eine zerbrochene Flasche bieten dem Geäderten Oktopus (*Octopus marginatus*) auf einer Sandfläche ausreichenden Schutz. Straße von Lembeh, Sulawesi, Indonesien.

◁ Nacktschnecken wie die Prachtsternschnecke *Hypselodoris bullockii* sind Meister der chemischen Kriegsführung. Während einige von ihnen ungenießbar sind, können andere mit ihren Giften Fische und Krebstiere töten. Mabul, Sabah, Malaysia.

CHEMISCHE KRIEGSFÜHRUNG

Endotoxine sind giftige oder schlecht schmeckende Chemikalien im Gewebe eines Tieres. Sie können von ihm produziert oder mit seiner Nahrung aufgenommen werden, und ihr hauptsächlicher Zweck ist es, Angriffe abzuwehren. Die meisten Tiere weisen auf ihre Giftigkeit gern mit einer auffälligen, bunten Zeichnung hin, besonders die kleineren Riffbewohner machen das recht deutlich. Giftige Plattwürmer und Nacktschnecken zeigen alle möglichen Farben und Zeichnungen, die nur eins bedeuten: »Giftig – nicht berühren.«

Das Spektrum der eingesetzten Chemikalien ist groß. Manche schmecken schlecht, sind extrem bitter oder riechen stark und sind im Schleim enthalten, der den Körper bedeckt. Einige Leierfisch-Arten werden wegen ihres Schleims als »Stinkfische« bezeichnet. Andere Stoffe sind stärkere Gifte, die in den Geweben und nicht nur im Schleim enthalten sind. Die Organe der Kugelfische enthalten Tetrodotoxin, eins der stärksten von Tieren produzierten Gifte. In Japan sterben jedes Jahr mehrere Menschen an falsch zubereiteten Kugelfischen.

△ Die Prachtsternschnecke *Hypselodoris purpureomaculosa*. Mantanani, Sabah, Malaysia.

△ Die Fadenschnecke *Flabellina exoptata*. Mantanani, Sabah, Malaysia.

△ Die Neonsternschnecke *Nembrotha kubaryana*. Straße von Lembeh, Sulawesi, Indonesien.

△ Die Prachtsternschnecke *Glossodoris cruentus*. Mantanani, Sabah, Malaysia.

△ Höckerschnecke, *Halgerda malesso*.
Mabul, Sabah, Malaysia.

△ Fadenschnecke, *Phyllodesmium briareum*.
Straße von Lembeh, Indonesien.

△ Fadenschnecke, *Phyllodesmium* sp.
Straße von Lembeh, Indonesien.

△ Prachtsternschnecke, *Hypselodoris bullockii*.
Straße von Lembeh, Indonesien.

△ Prachtsternschnecke, *Ceratosoma tenue*.
Straße von Lembeh, Indonesien.

△ Nacktschnecke, *Euselenops luniceps*.
Straße von Lembeh, Indonesien.

△ Neonsternschnecke, *Thecacera* sp.
Seraya, Bali, Indonesien.

△ Nacktschnecke, *Janolus* sp.
Straße von Lembeh, Indonesien.

△ Prachtsternschnecke, *Risbecia tryon*
Straße von Lembeh, Indonesien.

△ Furchenschnecke, *Armina* sp.
Seraya, Bali, Indonesien.

△ Neonsternschnecke, *Tambja morosc*.
Straße von Lembeh, Indonesien.

△ Nacktschnecke, *Philinopsis cyanea*.
Straße von Lembeh, Indonesien.

Die Fadenschnecke *Spurilla australis* trägt auf dem Rücken Fortsätze, die man als Cerata bezeichnet und die Nesselzellen zur Abwehr von Fressfeinden enthalten. Straße von Lembeh, Sulawesi, Indonesien.

GIFT, BISSE UND STACHELN

Im Gegensatz zu Toxinen werden Gifte aktiv in ein anderes Tier injiziert. Giftige Arten benötigen Zähne und Stacheln, um das Gift einzubringen. Die meisten Tiere nutzen Gifte zur Verteidigung, die sich in Stacheln am Körper oder auf dem Rücken befinden, sodass der Biss eines Räubers auf sie trifft. Tiere wie der Steinfisch besitzen ein unglaublich starkes Gift, das zum Absterben von Gewebe führt und extreme Schmerzen hervorruft. Seine Verwandten, die Drachenköpfe und Feuerfische, weisen offen darauf hin, dass sie giftig sind. Feuerfische zeigen auffällige Streifenmarkierungen an ihren Flossenstrahlen, und Buckel-Drachenköpfe lassen plötzlich die Zeichnung auf der Unterseite ihrer Brustflossen aufblitzen. Räuber nutzen Gifte zur Jagd und benötigen schnell wirkende Chemikalien, um ihr Opfer zu lähmen, bevor es wegschwimmen kann. Sowohl die Seeschlangen als auch der Blauring-Oktopus besitzen Gifte, die zu den stärksten natürlich produzierten gehören. Das ist wichtig, um schnelle Fische zu jagen, die sofort gestoppt werden müssen, bevor sie gefressen werden können.

◁ Der Gewöhnliche Rotfeuerfisch (*Pterois volitans*) besitzt lange, auffallende, mit bunten Membranen versehene Flossenstrahlen. Trotz seiner Schönheit dient dieser Schmuck als Hinweis auf die Giftigkeit. Mabul, Sabah, Malaysia.

△ An der Basis der Rotfeuerfisch-Flossenstrahlen sitzt eine Drüse, deren Gift so große Schmerzen hervorruft, dass sich alle Tiere von diesem Raubfisch fernhalten. Mabul, Sabah, Malaysia.

»Blauring-Oktopoden sind wegen ihrer geringen Größe und der Tarnfarbe, die sie auf der Jagd oder in der Ruhe zeigen, schwer zu finden. Allerdings begegnet man ihnen manchmal unter den seltsamsten Umständen. Auf Mabul kam einer der jungen Bootsleute ins Restaurant, in dem wir aßen, hielt etwas in den hohlen Händen und rief: »Seht mal, was ich gefunden habe!«. Er hatte beim Reinigen des Boots einen Blauring-Oktopus gesehen, ihn gefangen und wollte nun fragen, worum es sich handelt. Wir konnten ihn glücklicherweise überzeugen, das hochgiftige Tier so schnell wie möglich wieder ins Wasser zurückzusetzen, und sowohl der junge Mann als auch der Oktopus blieben unverletzt.«

◁△ Die Zeichnung des Großen Blauring-Oktopus (*Hapalochlaena lunulata*) weist auf seine Giftigkeit hin. Räuber, die sie ignorieren, müssen sich mit einem der stärksten natürlichen Gifte auseinandersetzen, das zum Erstickungstod führen kann, da es die Muskulatur lähmt. Mabul, Sabah, Malaysia.

» Die grünen Gewässer von British Columbia ermöglichen einige der besten Tauchgänge der Welt – für diejenigen, die sich von Kälte nicht abschrecken lassen. Hier kann man wunderschöne Schwammgärten, Seewölfe, Grauhaie und Riesenkraken finden, doch für mich waren es die Chimären, für die sich die Reise besonders gelohnt hat. Die meisten Arten sind Tiefseefische, die man nur als tote Tiere in Netzen zu Gesicht bekommt. Wenn das Meer kalt genug ist, kommen die Chimären jedoch auch in flacheres Wasser, wo Taucher und Fotografen sie unmittelbar betrachten können. «

◁ Die Gefleckte Seeratte (*Hydrolagus colliei*), eine Kurznasen-Chimäre, hat ein Knorpelskelett und gehört wie die Haie zu den Knorpelfischen. Zur Verteidung besitzt sie einen giftigen Stachel an der Vorderseite ihrer Rückenflosse. Victoria Island, British Columbia, Kanada.

» Die Begegnung mit einem großen Stechrochen kann ein aufregendes Erlebnis sein. Als Fotograf versucht man immer, so nah wie möglich an das Motiv heranzukommen, damit es das Bild füllt. Man sollte jedoch nicht unvorsichtig werden. Durch das Weitwinkelobjektiv betrachtet wirken Dinge viel weiter entfernt als sie es in Wirklichkeit sind. Manchmal habe ich vom Sucher aufgeschaut, nur um einen giftigen Rochenstachel direkt vor meinem Gesicht zu entdecken. «

▷ Wie alle Stechrochen besitzt der Kurzschwanz-Stechrochen (*Dasyatis brevicaudata*) Giftstachel an seinem Schwanz. Auch die größten Stechrochen können ihren Schwanz über den Kopf biegen, um sich gegen Angriffe von allen Seiten zur Wehr zu setzen. Poor Knights Islands, Neuseeland.

Täuschung

Sowohl für die Jäger als auch für die Beute ist es zum Überleben wichtig, mit dem Hintergrund verschmelzen und Feinde täuschen zu können.

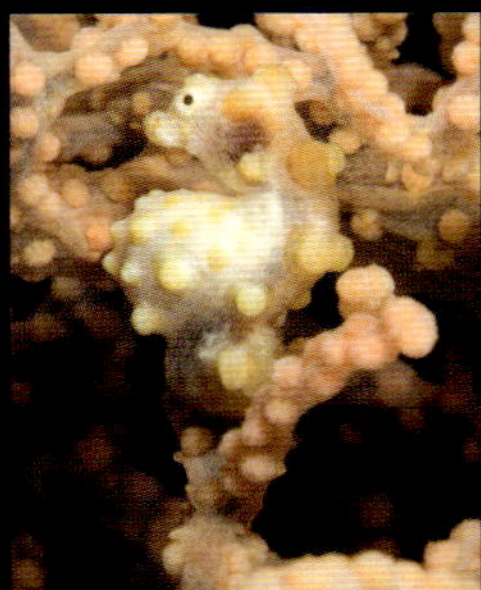

△ Ein winziger Diamant-Feilenfisch (*Rudarius excelsus*) versteckt sich in der Seegraswiese.
▷ Ein Clown-Anglerfisch (*Antennarius maculatus*) imitiert einen Schwamm perfekt.

Die einfachste Methode, Beute in Reichweite zu locken oder einen Räuber zu täuschen und zu entkommen ist es, das Riff selbst zu nutzen. Viele Arten vergraben sich im sandigen Grund, sodass nur Augen und Maul herausragen. Stummelschwanzsepien besitzen sogar eine Schleimschicht, an der Sandkörner kleben bleiben. Andere Arten tarnen sich. Steinfische sind von Steinen kaum zu unterscheiden, Teppichhaie und Krokodilfische werden über dem Sand unsichtbar und Geisterpfeifenfische ähneln Fächerkorallen und Seegras. Sepien und Oktopoden können die Farbe und Struktur ihrer Umgebung annehmen, wohingegen Spinnenkrabben sich mit Schwämmen und Hydrozoen tarnen.

Bei der Täuschung geht es aber um mehr als um Tarnung. Im Maul des Himmelsguckers windet sich ein wurmförmiger Köder. Wie die Schmetterlinge an Land benutzen manche Arten Augenflecke, sodass sie größer wirken als sie in Wirklichkeit sind. Der unübertroffene Meister der Täuschung ist jedoch der Mimikry-Oktopus. Die erst vor Kurzem entdeckte Art benutzt ihre langen Arme und die kontrastreiche Zeichnung, um viel bedrohlichere Arten wie Seeschlangen und Rotfeuerfische nachzuahmen.

IM UNTERGRUND

Die Sandflächen des Riffs sind deck
und gefährliche Orte. Die dort leb
können sich oft nur im Sand selbst
Manche, wie die Stechrochen und
tintenfische, werfen Sand über ihre
wohingegen andere sich in den Un
eingraben – Sandtaucher, Schlange
der Blatt-Schermesserfisch vertrau
Kraft und Körperform, um sich in
bohren und aus dem Sichtfeld zu v
den. Grundeln und Fangschrecken
errichten sogar dauerhafte Baue im
Wände sie mit Muschelschalen- un
stücken verstärken, damit sie nicht

◁ Der Bänder-Sandmeeraal (*Poeciloconger fasciatus*) tarnt sich auf einfache Weise – er gräbt sich im Sand ein, sodass nur sein Maul herausragt. Man kann den schlangenähnlichen Fisch manchmal über die Sandflächen schwimmen sehen, wenn er kleine Fische und Wirbellose jagt. Seraya, Bali, Indonesien.

△ Die winzige Berrys Stummelschwanzsepie (*Euprymna berryi*) gräbt sich zu ihrem Schutz im Sand ein. Ist der größte Teil des Körpers verschwunden, wirft sie Sand auf die Augen und den klebrigen Schleim, der den oberen Körperbereich bedeckt, sodass sie nicht von der Strömung weggespült wird.

△▷ Eidechsenfische sind Lauerjäger, die sich auf ihre Tarnung und ihr Geschick beim Eingraben verlassen, um nicht von den kleinen Fischen entdeckt zu werden, von denen sie sich ernähren. Wie hier von einem Grazilen Eidechsenfisch (*Saurida gracilis*) demonstriert wird, sind dann nur noch ein Paar großer Augen sowie die Ränder der kräftigen Kiefer zu sehen. Straße von Lembeh, Sulawesi, Indonesien.

▽▷ Der Weißrand-Himmelsgucker (*Uranoscopus sulphureus*) ist der ultimative Lauerjäger. Von ihm ist nur die mit Zähnen besetzte Maulspalte im Sand zu sehen. Mit einem wurmähnlichen Köder in seinem Maul lockt er Fische an und verschlingt sie in Sekundenbruchteilen. Mabul, Sabah, Malaysia.

» Wenn man zum ersten Mal die Maulspalte eines Himmelsguckers entdeckt und vorsichtig die Sandschicht wegwedelt, kann man nur von diesem wirklich hässlichen, aber unglaublich gut angepassten Fisch fasziniert sein. Alles an diesem Tier deutet auf einen Lauerjäger hin – von der Tarnung, dem nach oben gerichteten Kopf und den scharfen Zähnen bis zu dem kleinen Köder, der seine Beute in Reichweite lockt. «

△ Gewöhnlicher Rotfeuerfisch (*Pterois volitans*).

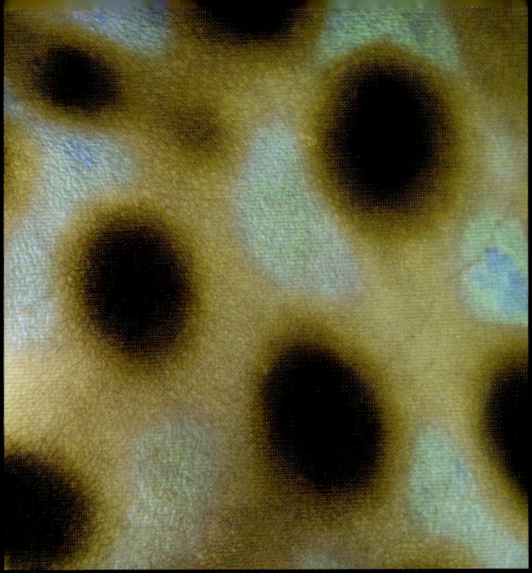

△ Schrift-Feilenfisch (*Aluterus scriptus*).

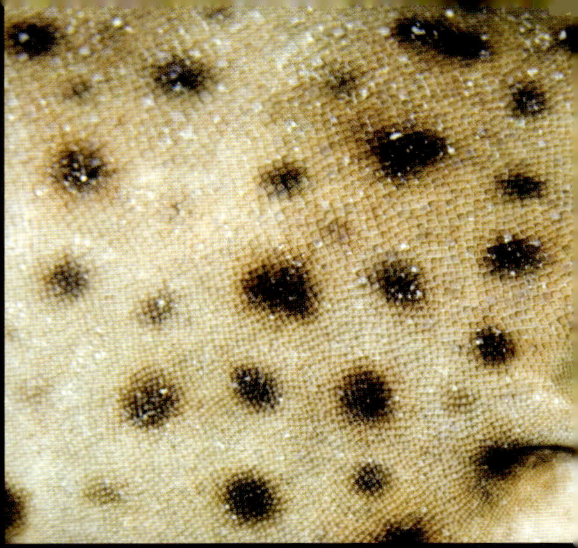

△ Augenfleck-Lippenhai (*Hemiscyllium ocellatum*).

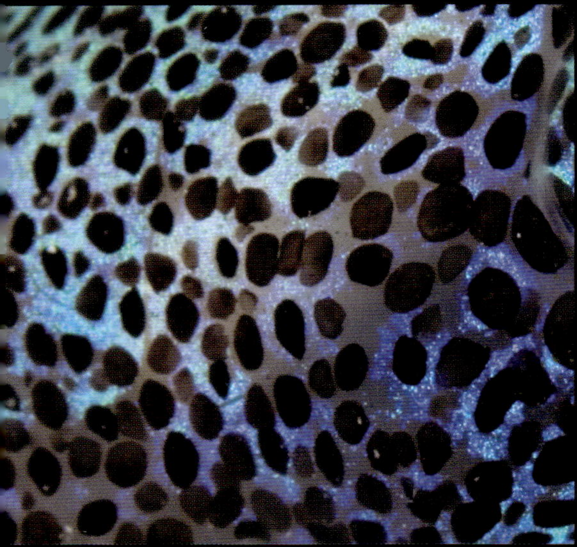

△ Berrys Stummelschwanzsepie (*Euprymna berryi*).

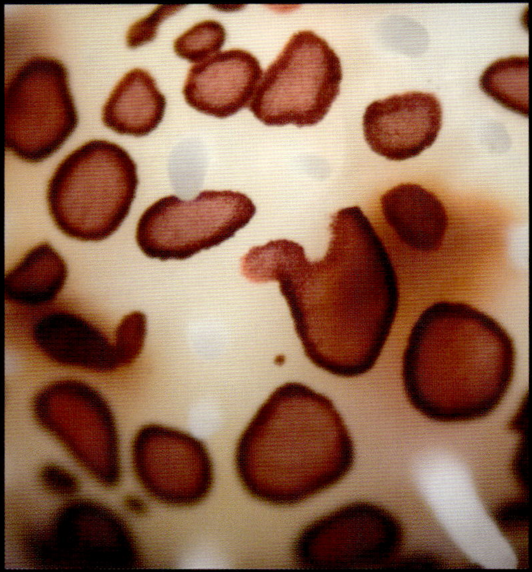

△ Eischnecke (*Pseudosimnia* sp.).

△ Bärtiger Teppichhai (*Eucrossorhinus dasypogon*).

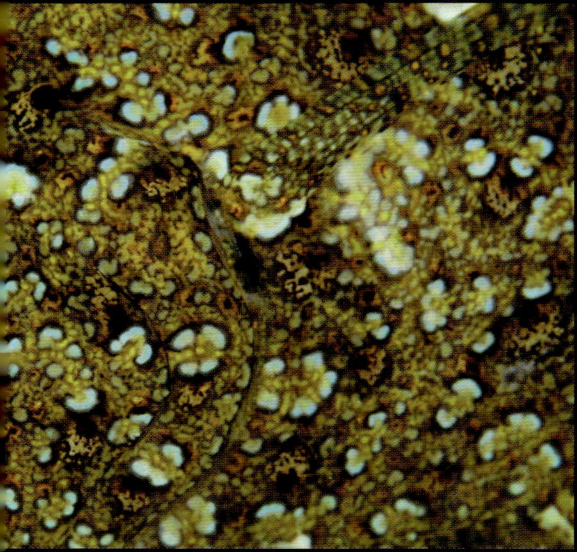

△ Fasan-Butt (*Bothus mancus*).

△ Drachenkopf (*Neosebastes bougainvillii*).

△ Blaumasken-Kaiserfisch (*Pomacanthus xanthometopon*).

△ Kurzflossen-Zwergfeuerfisch (*Dendrochirus brachypterus*).

△ Imperator-Kaiserfisch (*Pomacanthus imperator*).

△ Bänder-Sandmeeraal (*Poeciloconger fasciatus*).

△ Bärtiger Teppichhai (*Eucrossorhinus dasypogon*).

» Wie die verschiedenen Augen zeigen auch die verschiedenen Farben, Muster und Strukturen der Haut die große Vielfalt des Lebens im Wasser – und spiegeln die verschiedenen von marinem Leben besetzten Nischen wider. Keine zwei Arten sind gleich, doch oft haben sehr unterschiedliche Arten eine ähnliche Lösung für vergleichbare Probleme gefunden. Für alle Riffbewohner ist die Tarnung von größter Wichtigkeit, und die zwischen Partnern und Konkurrenten ausgetauschten Signale sowie Panzerung und Warnfarben haben alle Anteil daran, wie sich die Haut eines jeden Tiers entwickelt hat. «

△ Schaukelfisch (*Taenianotus triacanthus*).

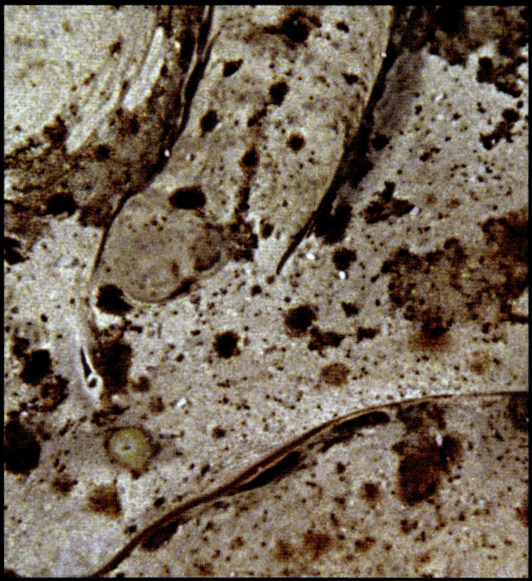

PERFEKTE VERKLEIDUNG

Ihre Tarnung erlaubt es den Riffbewohnern, mit dem Hintergrund optisch zu verschmelzen oder ihre Körperumrisse aufzulösen. Viele Arten verlassen sich darauf und haben sich im Aussehen an ihre natürliche Umgebung angepasst. Auf Sandflächen lebende Tiere ähneln daher einem Sandfleck oder einem Stück Korallenschutt. Winzige Krebschen und Grundeln besitzen andererseits transparente Körper oder weisen die gleiche Zeichnung wie die Weichkorallen auf, auf denen sie leben. Fetzen- und Kelpfische leben zwischen Algen und haben ihr Aussehen an sie angepasst. Bei den meisten Arten ist die Art der Tarnung von Geburt an festgelegt und bindet sie an eine bestimmte Umgebung. Der Schmuck-Geisterpfeifenfisch und der Riesen-Anglerfisch können ihre Färbung jedoch an den Ort anpassen, an dem sie gerade verweilen. Die unbestrittenen Meister der Tarnung sind jedoch die Kopffüßer: Oktopoden, Sepien und Kalmare können Farbe und Struktur ihrer Haut nach Belieben verändern, um sie dem Riff anzupassen – sogar, während sie sich hindurchbewegen.

◁▽ Der Teufelsfisch (*Inimicus didactylus*) bewegt sich gut getarnt über den Meeresgrund. Findet er einen von Fischen bewohnten Korallenblock, gräbt sich der giftige Räuber ein und wartet auf die Beute – bevor er zuschnappt und sie einsaugt. Straße von Lembeh, Sulawesi, Indonesien.

Der Krokodilfisch (*Cymbacephalus beauforti*) ist ein sich optisch orientierender Jäger. Seine großen Augen sind mit Hautfransen gut getarnt. Mabul, Sabah, Malaysia.

» Weichkorallen bilden ein eigenes Ökosystem und man kann leicht einen ganzen Tauchgang damit verbringen, nach den winzigen Fischen, Krabben und Garnelen zu suchen, die in ihren verschlungenen Ästen zu Hause sind. Die Tiere sind mit ihren transparenten Körpern, ihren gemusterten Schalen und ihren zarten Farben bemerkenswert gut getarnt. Manchmal ahmen sie sogar die komplizierten Muster der Weichkorallenpolypen oder die der spitzen Sklerite nach, von denen die Koralle gestützt wird. «

◁ Die Weichkorallen-Zwerggrundel (*Pleurosicya boldinghi*) besitzt einen nahezu transparenten Körper, deren Farbe der ihrer Wirtskoralle ähnelt, sodass sie vollkommen mit dem Hintergrund verschmilzt. Raja Ampat, Irian Jaya, Indonesien.

△ Bestimmte Arten der Porzellankrebse (hier *Porcellanella picta*) leben auf verschiedenen Weichkorallen-Arten. Die schöne Zeichnung des Krebses passt immer zu seinem farbigen Wirt. Straße von Lembeh, Sulawesi, Indonesien.

Die Mosambik-Zwerggrundel (*Pleurosicya mossambica*) versteckt sich im Polypenwald und ist nur zu erkennen, wenn sie zwecks Nahrungssuche herausschießt. Raja Ampat, Irian Jaya, Indonesien.

▷ Der seltene Große Fetzenfisch (*Phycodurus eques*) ist nach seinen Körperanhängen benannt worden. Durch seine bemerkenswerte Tarnung hat er zwar keine natürlichen Feinde, ist aber durch menschliche Einflüsse bedroht.
Kangaroo Island, Australien.

▽ Die Tarnung des Seedrachens (*Phyllopteryx taeniolatus*) lässt ihn vor den braunen und grünen Algen, die seinen Lebensraum bilden, nahezu unsichtbar werden.
Kangaroo Island, Australien.

» Die Makrowelt eines Riffs steckt immer voller Überraschungen. Auf einem nicht lang zurückliegenden Trip zu den Raja-Ampat-Inseln entdeckten wir etwa sieben verschiedene Formen der Zwergseepferdchen und nicht bloß drei bis vier, wie wir erwartet hatten. Die meisten Formen müssen noch wissenschaftlich untersucht werden und können sich auch als Farbvarianten oder sogar als Nadelpferdchen- oder Seenadel-Arten entpuppen. Trotzdem zeigt unser Erlebnis klar, welche Vielfalt ein Land wie Irian Jaya beherbergt – und wie wenig wir darüber wissen. Wer kann ermessen, wie viele Arten noch darauf warten, entdeckt zu werden? «

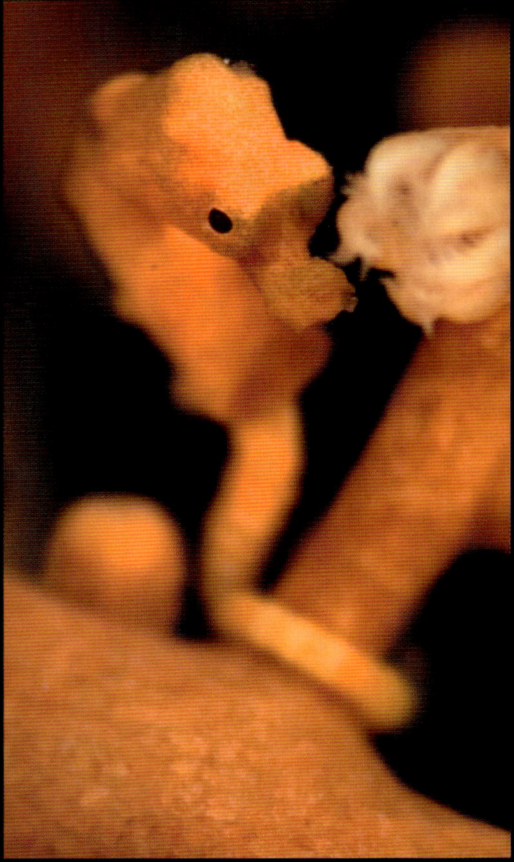

△ *Hippocampus denise*. Straße von Lembeh, Sulawesi, Indonesien.

△ *Hippocampus* cf. *denise*. Raja Ampat, Irian Jaya, Indonesien.

△ Ein bisher unbestimmtes Zwerg-Nadelpferdchen. Straße von Lembeh, Sulawesi, Indonesien.

△ *Hippocampus* sp. »pontohi«. Raja Ampat, Irian Jaya, Indonesien.

△ *Hippocampus* cf. *bargibanti*. Raja Ampat, Irian Jaya, Indonesien.

Zwerg-Seepferdchen (hier *Hippocampus bargibanti*) sind nicht größer als der Nagel eines kleinen Fingers. Die meisten Arten sind noch nicht wissenschaftlich beschrieben worden. Kapalai, Sabah, Malaysia.

◁▽ Der Tentakel-Drachenkopf (*Rhinopias frondosa*) ist nicht nur sehr gut getarnt, sondern trägt zusätzlich Augenflecke. Das verwirrt seine Beute und lässt ihn größer erscheinen als er ist. Straße von Lembeh, Sulawesi, Indonesien.

» Ähnliche Fische haben abhängig von ihrer Umgebung unterschiedliche Methoden entwickelt, um sich zu tarnen. Der Ambon- und der Tentakel-Drachenkopf gehören zur selben Familie, doch der Ambon-Drachenkopf gleicht den Algen und Schwebstoffen, die im umgebenden Wasser treiben, während der Tentakel-Drachenkopf eher den Weichkorallen und Tangen seines Lebensraums ähnelt. «

◁ Der Ambon-Drachenkopf (*Pteroidichthys amboinensis*) besitzt eine sehr überzeugende Tarnung, wie die Anwesenheit der Hellrücken-Zwergsepie (*Idiosepius pygmaeus*) im Bild links in unmittelbarer Nähe des Räubers zeigt. Straße von Lembeh, Sulawesi, Indonesien.

❯❯ Ich habe eine seltsame Faszination für Krebstiere entwickelt, nachdem ich festgestellt habe, wie viele verschiedene Tierarten auf einem Haarstern leben können. Partnergarnelen, Knallkrebse, Springkrebse und sogar eine Fischart kann man alle in einem einzigen Haarstern finden. Schaut man sich dann den nächsten Haarstern an, warten mehrere weitere Arten auf ihre Entdeckung. Diese Fülle des Lebens macht das Fotografieren allerdings nicht einfacher – die Tiere sind nämlich alle hervorragend getarnt. ❮❮

▷ Der Haarstern-Springkrebs (*Allogalathea elegans*) ist kaum briefmarkengroß und besitzt einen länglichen Körper, dessen Streifen denen des Haarsterns entsprechen, auf dem er lebt. Straße von Lembeh, Sulawesi, Indonesien.

△ Die Streifen der Partnergarnele *Periclimenes cornutus* passen perfekt zum Wirt. Straße von Lembeh, Sulawesi, Indonesien.

△ Die Partnergarnele *Periclimenes cornutus* verschmilzt optisch mit dem Haarstern. Straße von Lembeh, Sulawesi, Indonesien.

△ Diese Partnergarnele (*Periclimenes amboinensis*) ist auf dem Haarstern perfekt getarnt. Straße von Lembeh, Sulawesi, Indonesien.

trotzdem eine lange Beziehung zu diesen Tieren – die Gehäuse der ähnlichen, jedoch größeren Porzellanschnecken sind jahrhundertelang als »Kaurigeld« im Umlauf gewesen und sogar hunderte von Kilometern von ihrer tropischen Heimat entfernt in Wikinger-Grabhügeln gefunden worden. «

▽ Die Nabel-Eischnecke (*Calpurnus verrucosus*) besitzt wie die übrigen Eischnecken einen Mantel, der sich bis über das Gehäuse erstreckt. Seine Farbe und Zeichnung entsprechen denen der Fächer- oder Weichkorallen, auf denen die Tiere leben. Mabul, Sabah, Malaysia.

△ Diese Eischnecken (*Prionovolva aenigma*) ahmen ihre Wirtskoralle perfekt nach. Straße von Lembeh, Sulawesi, Indonesien.

△ Die Eischnecke *Pseudosimnia globuvula* ähnelt im Aussehen den Korallenpolypen. Mabul, Sabah, Malaysia.

△ Diese Eischnecke (*Pseudosimnia* sp.) verbirgt sich in einer Weichkoralle. Straße von Lembeh, Sulawesi, Indonesien.

△ Die Eischnecke *Primovula platysia* frisst Schwebteilchen, die sich auf einer Fächerkoralle abgesetzt haben. Mabul, Sabah, Malaysia.

»Ich wollte einen Schmuck-Geisterpfeifenfisch beim Entlassen der Jungen aus der von den Bauchflossen gebildeten Bruttasche fotografieren und hatte das Glück, ein »schwangeres« Weibchen bei Sipadan zu finden. Angeblich soll die Schlüpfzeit in der Morgendämmerung sein. Also tauchte ich bei Tagesanbruch und wartete bei dem Haarstern, in dem das Tier lebte. Sechs Tage lang konnte ich mich ihm nur nähern, wenn ich es mit Schwebegarnelen fütterte. Am siebten Tag war der Fisch verschwunden. Ich fand nur noch den kleineren Partner, der ein wenig zerzaust aussah, wie nach dem Angriff eines Raubfischs. Ich hoffe nur, dass das Weibchen unversehrt entkommen ist und die nächste Generation wunderschöner Geisterpfeifenfische in die Welt gesetzt hat.«

▷ Junge Schmuck-Geisterpfeifenfische (*Solenostomus paradoxus*) sind transparent, weil sich die Farben erst später entwickeln. Die Farben der Erwachsenen hängen von der Umgebung ab, in der sie sich niederlassen, sei es eine rote Fächerkoralle oder ein gelber Haarstern. Kapalai, Sabah, Malaysia.

△ Bei diesem erwachsenen Weibchen des Schmuck-Geisterpfeifenfischs (*Solenostomus paradoxus*) kann man die aus den Bauchflossen gebildete Bruttasche gut erkennen. Mabul, Sabah, Malaysia.

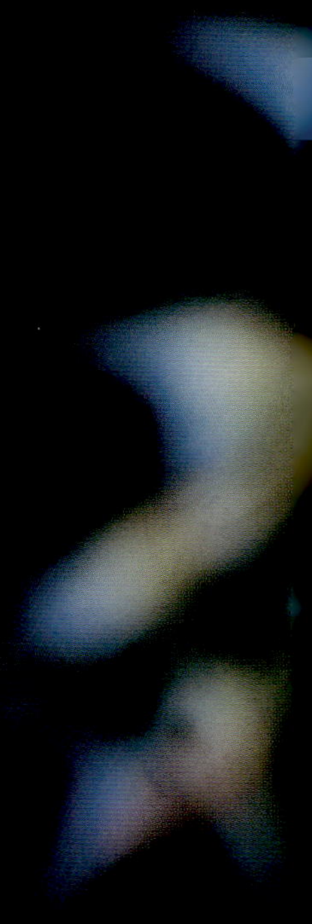

△ Ein junger Seegras-Geisterpfeifenfisch (*Solenostomus cyanopterus*) ahmt abgestorbene Algen nach. Straße von Lembeh, Sulawesi, Indonesien.

△ Der Halimeda-Geisterpfeifenfisch (*Solenostomus halimeda*) imitiert *Halimeda*-Algen. Kapalai, Sabah, Malaysia.

△ Männchen und Weibchen des Seegras-Geisterpfeifenfischs (*Solenostomus cyanopterus*).

Schwärme

Das offene Wasser ist gefährlich, doch viele Fische finden hier ihre Nahrung und Partner. Nur ihre große Anzahl verleiht ihnen Sicherheit.

△ Gelbrücken-Füsiliere (*Caesio teres*) finden sich zu einem Schwarm zusammen.
▷ Dunkelflossen-Barrakudas (*Sphyraena quenie*) bilden spiralförmige Schwärme.

Die Bildung von Schwärmen ist eine der besten Methoden, einen Angriff zu überleben, wenn es keine Versteckmöglichkeiten gibt. Manche Schwärme sind locker und kurzlebig. Sie bestehen aus vielen Arten, die sich an strömungsreichen Stellen zum Fressen versammeln. Andere, aus nur einer Art bestehende sind beständiger. Beide verlassen sich auf das Prinzip, dass Fische weniger leicht das Ziel eines Angriffs werden, wenn sie von vielen anderen umgeben sind. Reflektierende Schuppen und leuchtende Farben helfen ihnen, in einem Schwarm aufzugehen. Farbige Streifen tragen zur zusätzlichen Verwirrung bei, wenn ein Angreifer die Fische in rasende Bewegung versetzt. Ein Schwarm kann verblüffende Formen und Farben annehmen, wobei Wellen der Bewegung auftreten, wenn jeder Fisch auf die vom Nachbarn ausgelösten Wasserdruckschwankungen, einen Räuber oder die Blasen eines Tauchers reagiert. Die Schwarmbildung bietet weitere Vorteile – die Partnersuche ist leichter, wenn man von Tieren der eigenen Art umgeben ist. Viele Fische zeigen ihre Paarungsbereitschaft durch Farbmuster, die sie abschalten können, wenn plötzlich ein Räuber erscheint.

Schwarmbildung ist bei Fischen in temperierten wie auch in tropischen Gewässern verbreitet. Schnapper (*Lutjanus* sp.) bilden tagsüber Schwärme und jagen nachts einzeln, um kleine Fische zu erbeuten. Sodwana Bay, Südafrika.

» Vor der Nordostküste Borneos gibt es eine alte Ölbohrinsel, die in eine Tauchbasis umgebaut worden ist. Dabei hat man Metallteile aus dem Inneren entfernt, gereinigt und auf dem Sandboden gestapelt, um eine Reihe künstlicher Riffe anzulegen. Diese Riffe beherbergen nun eine Fülle marinen Lebens. Viele Fischschwärme – wie etwa die dieser Soldatenfische – verstecken sich zwischen den alten Metallgerüsten. Geisterpfeifen- und Anglerfische leben in den Wrackteilen und jede Oberfläche ist mit einer Vielzahl verschiedener Lebewesen bedeckt. «

▷ Weißspitzen-Soldatenfische (*Myripristis vittata*) verstecken sich gern in Höhlen oder unter Überhängen, aber auch oft in einem Wrack. Ihre rote Färbung zeigt sich nur im Schein des Blitzlichts. Bei natürlichem Licht wirken die Tiere farblos und verschmelzen mit den gedämpften Farben ihrer Umgebung. Mabul, Sabah, Malaysia.

» Jeden Morgen, gerade wenn die Sonne aufgeht, versammelt sich ein Schwarm von Büffelkopf-Papageifischen am Barracuda Point, Sipadan, Malaysia. Ich konnte mit diesen Tieren bereits viele Male tauchen und sie beobachten, wie sie umherschwimmen, die Putzstationen im flacheren Wasser aufsuchen und sich auf den Tag vorbereiten. Wenn später andere Taucher den Platz besuchen, sind die Papageifische schon bereit, zur Nahrungssuche wegzuschwimmen, wobei sie sich wie eine grasende Büffelherde langsam durch das Riff bewegen. «

◁ Büffelkopf-Papageifische (*Bolbometopon muricatum*) bewegen sich langsam durch das Riff. Während der Tage um den Vollmond herum balzen die Männchen vor den Weibchen und treiben sie schließlich zur Wasseroberfläche, wo die Tiere ablaichen. Sipadan, Sabah, Malaysia.

» Obwohl sie im Riff kein seltener Anblick sind, gehören Süßlippen zu meinen liebsten Motiven. Kleine Schwärme der lebhaft gefärbten Fische leben im Bereich von Korallenblöcken oder von Schwarzen Korallen und sind nicht scheu, wenn man sich ihnen langsam und ruhig nähert. Die großen Lippen und die leuchtenden Augen verleihen ihnen einen Charakter, der sie perfekt für Porträts macht. «

▷ Goldband-Süßlippen (*Plectorhinchus polytaenia*) können an der Zeichnung andere Artgenossen erkennen, sodass sie zwischen den übrigen bunten Fischen des Riffs immer wieder zu einem Schwarm zusammenfinden. Die Streifen lösen außerdem den Umriss des einzelnen Fischs auf, sodass es Räubern schwerfällt, ein einzelnes Tier für einen Angriff auszusuchen. Raja Ampat, Irian Jaya, Indonesien.

Gelbrücken-Füsiliere (*Caesio teres*) bilden im freien Wasser einen Schwarm. Bei Gefahr drängen sie sich zusammen, sodass ein Räuber kaum einen einzelnen Fisch erkennen kann. Irian Jaya, Indonesien.

» Diese bemerkenswerten Fische stammen von einer kleinen Inselgruppe vor der Ostküste von Sulawesi, können jedoch mittlerweile auch an verschiedenen anderen Orten gefunden werden. Man nimmt an, dass sie von Fischern verschleppt worden sind, die sie für den Export als Aquarienfische gefangen haben. Die weltweite Nachfrage nach diesen Fischen hat dazu geführt, dass sie vom Aussterben bedroht sind. «

◁ Banggai-Kardinalbarsche (*Pterapogon kauderni*) bilden im Schutz von Seeigeln dichte Schwärme. Ihre Zeichnung erscheint zwar auffällig, doch hilft sie den Fischen, mit dem Schwarm und ihrer stachligen Umgebung zu verschmelzen. Straße von Lembeh, Sulawesi, Indonesien.

»Während der Tauchgänge in den unberührten Riffen von Raja Ampat trafen wir oft auf riesige Schwärme dieser wunderschönen Glasfische, die zwischen Korallenblöcken und großen Fächerkorallen patrouillierten. Ihre gemeinsame Reaktion auf herannahende Raubfische wirkte fast hypnotisch, wenn die pulsierende Bewegung des Schwarms sich mit dem Rhythmus der Wasserbewegungen zu synchronisieren schien.«

▷ Wie viele kleine Fische bevorzugen auch diese Glasfische (*Parapriacanthus ransonneti*) den Schutz des Riffs gegenüber dem offenen Wasser. Ihre reflektierenden Schuppen verwirren die Angreifer. Raja Ampat, Irian Jaya, Indonesien.

» Große Fledermausfisch-Schwärme sind oft der erste Anblick, wenn man in ein intaktes Riff abtaucht. Sie halten sich in Scharen an den Putzstationen auf, wo sie den Putzerfischen ihre Kiemen darbieten, oder sie bilden lockere Schwärme im offenen Wasser, wenn sie nach Nahrung suchen. Fledermausfische können ihre Balkenzeichnung schnell verändern. Wenn sie sich bedroht fühlen, wird die Zeichnung dunkler, sodass sie sich als diffuse Masse dunkler Streifen präsentieren. «

◁ Die schwarzen Balken von Boers Fledermausfisch (*Platax boersii*) sollen wohl seine großen Augen verbergen und die Umrisse der Fische im Schwarm auflösen. Sipadan, Sabah, Malaysia.

Gestreifte Korallenwelse (*Plotosus lineatus*) wandern in dichten Schwärmen über die Sandflächen und fressen kleine Krebstiere, die sie aufgescheucht haben. Straße von Lembeh, Sulawesi, Indonesien.

» Wir hatten eigentlich nach Delfinen und Rochen gesucht, doch der Tauchgang an einem Seamount lieferte eine angenehme Überraschung: Riesige Sardinenschwärme, so dicht, dass sie an manchen Stellen kein Sonnenlicht mehr durchließen. Die sich brechenden Wellen und die ständigen Angriffe der Großaugen-Stachelmakrelen hielten die Sardinenschwärme in ständiger Bewegung. Pulsierend nahmen sie immer wieder neue Formen an, fast wie selbstständige Lebewesen. «

▷ Kleine Fische wie diese Sardinen (*Harengula jaguana*) werden durch Feuerfische, Stachelmakrelen und sogar Vögel und Delfine bejagt. Ihre einzige Verteidigungsmöglichkeit ist ihre ständige Bewegung, die ihre Angreifer auf eine glitzernde silberne Wand blicken lässt. Fernando de Noronha, Brasilien.

Ein großer Schwarm Dunkelflossen-Barrakudas (*Sphyraena quenie*) ist ein beeindruckender Anblick – insbesondere aus dem Auge dieses »Fischwirbelsturms« heraus betrachtet. Sipadan, Sabah, Malaysia.

» Obwohl diese Schnapper leicht zu finden waren, war es frustrierend und zeitraubend, ein Bild von vorn zu schießen, wie ich es vorhatte. Jedesmal, wenn ich einen perfekten Bildausschnitt im Sucher hatte, drehten sich die Fische plötzlich weg oder der Schwarm teilte sich und schwamm in verschiedene Richtungen davon, bevor er sich in einiger Entfernung wieder vereinigte. Es war eine eindrucksvolle Demonstration, wie sich der Schwarm bei einer Bedrohung verhält – sei es durch einen Hai oder einen Fotografen. «

▷ Große Schwärme von Buckel-Schnappern (*Lutjanus gibbus*) trifft man über den seichten Riffen Ostafrikas häufig an. Durch schnelle Richtungswechsel verwirren sie ihre Fressfeinde, die sie sich dadurch vom Leib halten. Sodwana Bay, Südafrika.

Pilotbarsche (hier *Scorpis violacea*) bilden dichte, bunte Schwärme, wo genug Nahrung vorhanden ist. Felsdurchbrüche, die planktonreiche Strömungen bündeln, bieten ein perfektes Nahrungsangebot. Poor Knights Islands, Neuseeland.

»Bei Fernando de Noronha, Brasilien, gibt es eine große Schule sich hier ständig aufhaltender Spinner-Delfine. Es war nicht schwierig, sich ihnen unter Wasser anzuschließen. Sie näherten sich den Booten, um zu spielen, und wir brauchten nur ins Wasser zu springen und sie herankommen zu lassen. Allerdings fiel es uns auf, dass die ersten Delfine, die wir im Wasser antrafen, immer Männchen waren. Sie überprüften, ob wir eine Gefahr für den Rest der Gruppe darstellten. Erst danach konnten wir näher an die Weibchen und die jungen Delfine herankommen.«

▷ Spinnerdelfine (*Stenella longirostris*) gehören zu den geselligsten Tieren des Meers. Sie verbringen ihr Leben in großen Schulen. Sie jagen, spielen und reisen zusammen, wobei sie durch eine komplizierte, aus Qietsch- und Klicklauten bestehende Sprache kommunizieren. Fernando de Noronha, Brasilien.

» Ich tauchte in der Nähe eines kleinen felsigen Stücks Land, auf dem sich einige junge männliche und ein paar weibliche Seelöwen befanden. Meistens spielten sie miteinander oder nahmen ein Sonnenbad, sodass ich gelegentlich nah genug herankam, um ein Foto zu machen. Ein junges Männchen schien mich jedoch in das Gruppenleben einbeziehen zu wollen und präsentierte mir ein Maul voll Algen, die es von den Felsen abgerissen hatte. «

▷ Australische Seelöwen (*Neophoca cinerea*) leben und vermehren sich an der australischen Südküste, wo sie im kühlen Wasser Fische und Kalmare jagen. Zur Paarungszeit kämpfen die Männchen um kleine Reviere an Land, wo die Weibchen ihre Jungen gebären. Kangaroo Island, Australien.

Beziehungen

Das Verhältnis von Räuber und Beute ist nicht die einzige Beziehung im Riff – es haben sich auch gegenseitige Abhängigkeiten entwickelt.

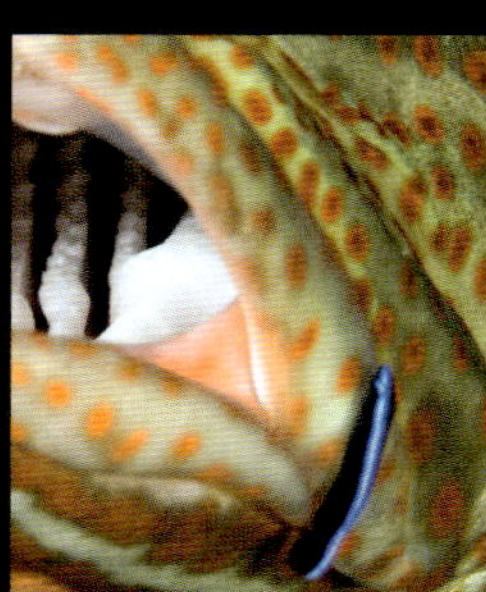

△ Ein Westlicher Putzerschildfisch (*Cochleoceps bicolor*) auf einem Harlekinfisch (*Othos dentex*). ▷ Großaugen-Straßenkehrer (*Monotaxis grandoculis*) mit Putzerfisch (*Labroides dimidiatus*).

Der intensive Wettbewerb um Licht, Raum und Nahrung hat zu ungewöhnlichen Partnerschaften geführt. Für winzige Krebstiere, Hydrozoen und sogar Fische ist die Körperoberfläche eines großen Tiers ein gefragter Aufenthaltsort. Andere Tiere, wie Kaiser- und Lippfische, können sich um eine fressende Karettschildkröte versammeln und hoffen, etwas Futter abzubekommen, wenn sie die Korallen auf der Suche nach Schwämmen aufreißt. Eingeweidefische suchen in großen Seegurken Schutz, bieten ihrem Wirt aber keine Gegenleistung. Diese einseitigen Beziehungen nennt man Kommensalismus, wobei der Wirt nichts gewinnt oder verliert.

Als Mutualismus bezeichnet man für beide Partner nützliche Beziehungen, wie die von Putzerfischen oder Partnergarnelen zu anderen Riffbewohnern, deren abgestorbene Haut und Parasiten sie entfernen. Bestimmte Korallenarten beherbergen winzige Krabben, die ihren Wirt verteidigen, indem sie die Füße der Dornenkronen-Seesterne verstümmeln.

Bei den intensivsten Beziehungen kann eine Art nicht ohne die andere überleben. So sind Anemonenfische vollkommen vom Schutz der nesselnden Seeanemonen abhängig.

EINSEITIGE BEZIEHUNGEN

Beziehungen zwischen Tieren werden danach unterschieden, welchen Nutzen jeder Partner aus ihnen ziehen kann. Im Riff ist meist nur einer der Nutznießer. Die als Kommensalismus bekannten Beziehungen haben sich teilweise nur entwickelt, weil die Oberfläche eines großen Tiers das ideale Zuhause für ein kleines darstellt. Winzige Garnelen, Krabben und Fische nutzen größere Wirte und erlangen über den Schutz durch den Partner einen Vorteil. Andere Beziehungen bestehen nur zeitweilig, wenn sich ein Tier vom anderen bei der Nahrungssuche unterstützen lässt. Stachelmakrelen, Trompetenfische und Kobias folgen größeren Raubfischen und warten auf kleine Fische oder Krebstiere, die durch das größere Tier aufgestöbert werden. Die verschiedenen Beziehungsformen können allerdings schwer zu unterscheiden sein. Schildkröten haben unterschiedliche Beziehungen zu verschiedenen Tieren – von den Schiffshaltern, die sich von ihnen transportieren lassen, bis zu den Putzerfischen, die durch das Fressen von Parasiten die Meeresschildkröten säubern.

◁△ Die Imperatorgarnele (*Periclimenes imperator*) wird nur so groß wie eine Fingerspitze und ist das Musterbeispiel eines Kommensalen, der mit einer Reihe verschiedener Wirte leben kann. Hier nutzt sie den Schutz einer giftigen Prachtsternschnecke (*Ceratosoma tenue*) aus, ist aber in keiner Weise für den Wirt von Vorteil. Straße von Lembeh, Sulawesi, Indonesien.

Während eines Tauchgangs achte ich oft besonders auf See- und Kissensterne, um nach den winzigen Partnergarnelen zu suchen, die auf ihnen leben. Die Garnelen verstecken sich im Schutz des Wirts und ernähren sich von den Schwebteilchen, die auf seiner Oberfläche liegen bleiben. Auf der Unterseite der Seesterne, um die Mundöffnung herum, findet man schöne Farben und Muster, die ideal für die Makrofotografie sind. Nicht nur die Seesterne selbst sind ein bezauberndes Motiv – sie liefern auch einen perfekten Hintergrund für Fotos von Partnergarnelen.

◁ Ein Östlicher Kissenstern (*Culcita novaeguineae*) dient als Wirt einer Partnergarnele (*Periclimenes soror*), die nicht länger als ein Bleistiftdurchmesser ist. Bei Gefahr bringt sich die Garnele unter ihrem beweglichen Zuhause in Sicherheit. Mabul, Sabah, Malaysia.

△ Eine Partnergarnele (*Periclimenes soror*) versteckt sich auf einem Östlichen Kissenstern (*Culcita novaeguineae*). Mabul, Sabah, Malaysia.

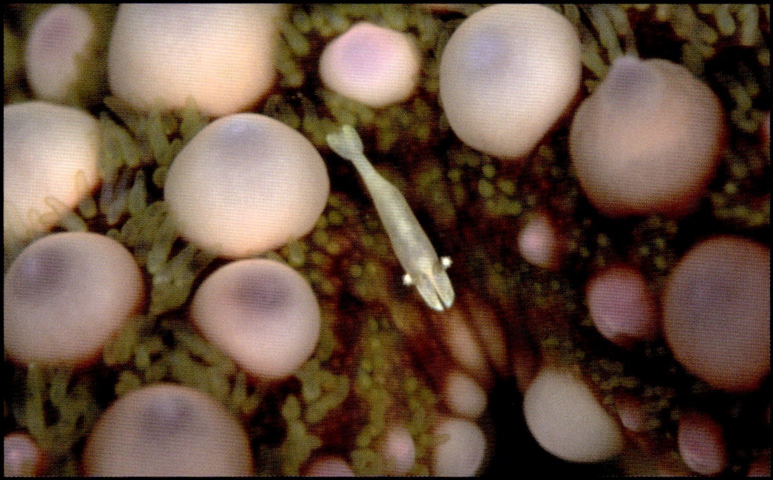

△ Die Partnergarnele (*Periclimenes soror*) sucht auf einem Seestern (*Nardoa frianti*) Schutz. Kapalai Islands, Sabah, Malaysia.

» Einsiedlerkrebse hatte ich meistens nicht besonders beachtet – sie sind dafür einfach viel zu häufig. Hier fiel mir allerdings die kleine Grundel auf, die sich am Eingang des Gehäuses unmittelbar neben dem Krebs befand. Ich hatte dieses Verhalten noch nie beobachtet und ich fragte mich, wie viele Grundeln ich wohl bisher schon übersehen hatte. Heute schaue ich mir jeden Einsiedlerkrebs kurz an, ob er einen interessanten Mitbewohner hat. «

◁ Da Riffe und Sandflächen gefährliche Orte sind, suchen Einsiedlerkrebse (hier *Dardanus lagopodes*) in leeren Schneckengehäusen Schutz. Gelegentlich wohnt auch eine Grundel (*Priolepis* sp.) – klein wie ein Streichholz – neben dem Krebs. Sie nutzt den Krebs mit seinem Gehäuse als Schutz, bietet ihm aber keinen Vorteil. Mantanani, Sabah, Malaysia.

Ein Kobia (*Rachycentron canadum*) nutzt die Deckung eines Schwarzpunkt-Stechrochens (*Taeniura meyeni*) aus und jagt in der Nacht die Tiere, die der Rochen aufgestört hat. Lankayan, Sabah, Malaysia.

Für viele Fische stellt die Suppenschildkröte (*Chelonia mydas*) ein lebendes Ökosystem dar. Boers Fledermausfisch (*Platax boersii*) setzt alles daran, ihr zu folgen. Sipadan, Sabah, Malaysia.

»Taucht man bei Sipadan und beobachtet die großen Schildkrötenpopulationen, erhält man einen Eindruck, wie wichtig andere Arten für die Schildkröten sind – und was für eine wichtige Rolle Schildkröten im Leben der übrigen Tiere spielen. Neben den offensichtlichen Beziehungen zu Putzer- und Fledermausfischen können Schildkröten auch dadurch zur Gesundheit des Riffs beitragen, dass sie bei der Nahrungssuche Korallenschutt wenden und auf diese Weise neue Flächen für die Besiedlung mit Polypen freilegen.«

▷ In einer Putzstation entfernt ein Blauaugen-Borstenzahndoktor (*Ctenochaetus binotatus*) Algen vom Panzer einer Suppenschildkröte (*Chelonia mydas*). Sipadan, Sabah, Malaysia.

▷ Ein Gestreifter Schiffshalter (*Echeneis naucrates*) erschleicht sich den Transport auf einer Suppenschildkröte (*Chelonia mydas*) und frisst, was er unterwegs findet. Sipadan, Sabah, Malaysia.

die zwischen Partnergarnelen und ihren »Kunden«. Die Garnele frisst abgestorbene Haut, Parasiten und Schmutz, wodurch der Fisch

die als Gegenleistung für ihren Schutz per Fotosynthese Nahrung erzeugen, sodass ihr Wirt im nährstoffarmen Wasser überleben kann.

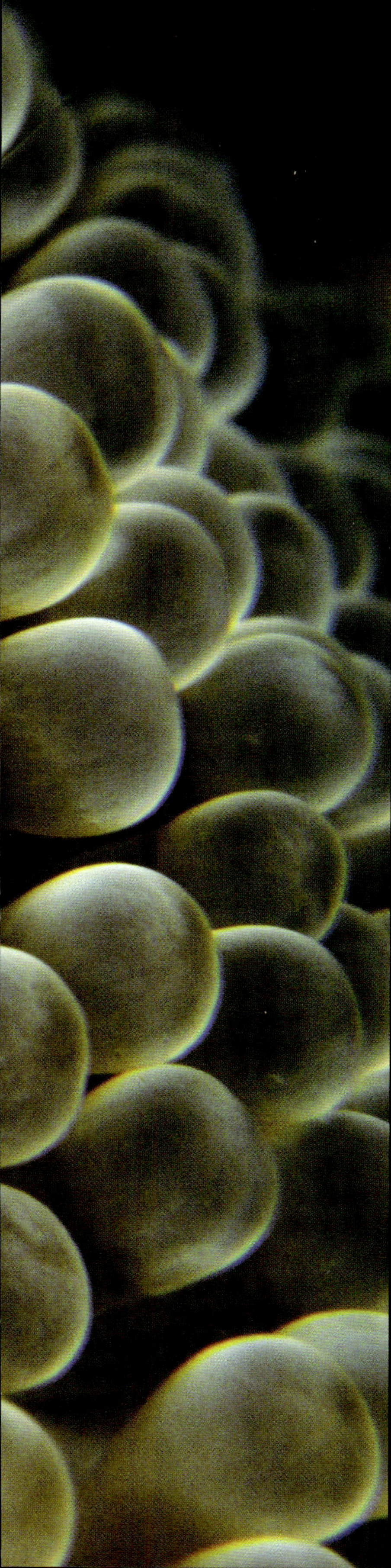

△ Seeanemonen sind die Wirte einer Vielzahl von Tieren, wie etwa dieser Partnergarnele (*Periclimenes venustus*). Mantanani, Sabah, Malaysia.

◁△ Eine Partnergarnele (*Periclimenes* cf. *magnificus*) putzt einen Sattelfleck-Anemonenfisch (*Amphiprion polymnus*), dessen weiße Streifen rötlich geworden sind – seine nächtliche Tarnfärbung. Mantanani, Sabah, Malaysia.

» Die Stärke der Beziehungen zwischen den verschiedenen Arten beeindruckt mich auch heute noch. Eine Muräne frisst normalerweise keine kleinen Garnelen, doch wenn sich eine von ihnen schon einmal in ihrem Maul befindet, ist die Versuchung sicher groß. Jahrmillionen der Evolution haben jedoch sichergestellt, dass die Muräne die Zeichnung der Garnele als die eines nicht essbaren Tiers erkennt. Gleichzeitig empfindet die Garnele das offene Maul der Muräne als freundliche Einladung. «

△ Eine Rußkopfmuräne (*Gymnothorax flavimarginatus*) wird von einer Gebänderten Scherengarnele (*Stenopus hispidus*) geputzt. Mabul, Sabah, Malaysia.

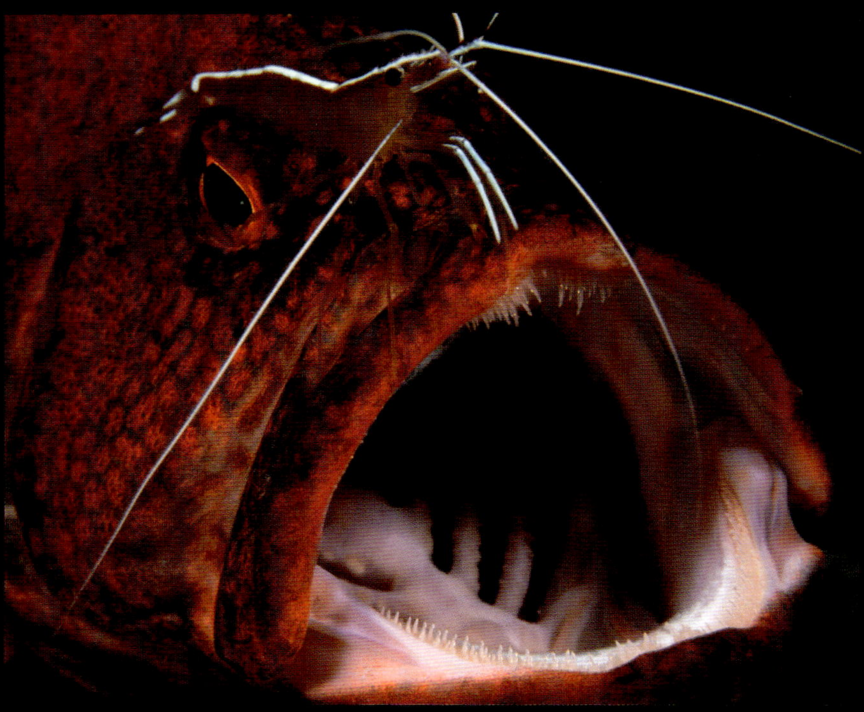

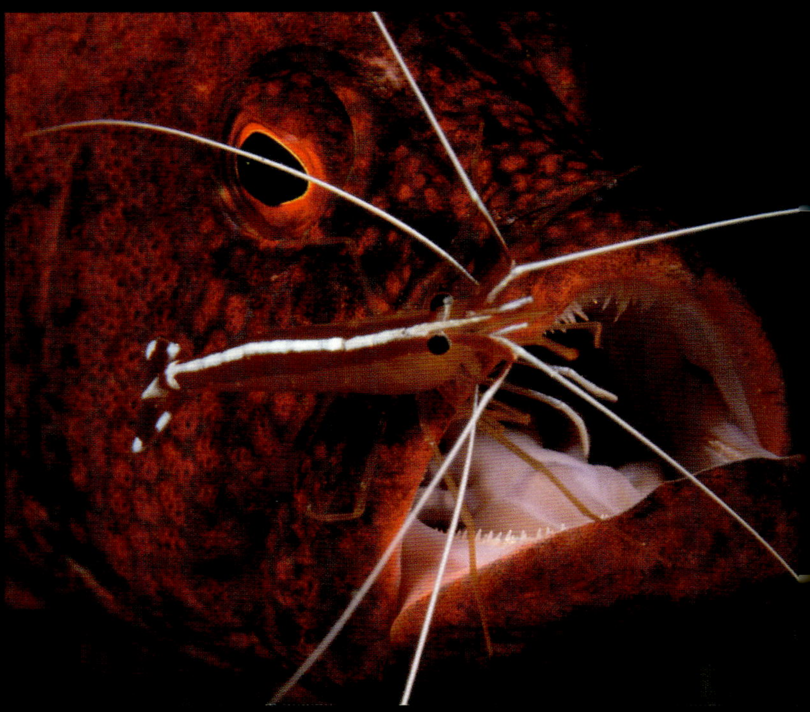

△ Die Weißband-Putzergarnele (*Lysmata amboinensis*) macht für ihren Service mit hellen Streifen auf sich aufmerksam, während der Tomaten-Zackenbarsch (*Cephalopholis sonnerati*) seine Wünsche mit Veränderungen seiner Farbe und Körperhaltung signalisiert. Diese Informationen erlauben es der Garnele, sein Maul gefahrlos aufzusuchen. Mabul, Sabah, Malaysia.

» Wir haben das Glück, viele neue Tauchplätze erkunden und viel Zeit an unseren Lieblingsplätzen verbringen zu können. Die unter Wasser verbrachten Stunden sind besonders wertvoll, wenn wir seltenere Verhaltensweisen beobachten können. Auf der Suche nach Schlangenaalen habe ich bemerkt, dass viele in ihrem Bau mit Partnergarnelen zusammenleben, die als Putzer dienen. Es war ein besonderes Erlebnis, die Garnelen in solch unmittelbarer Nähe zu ihren »Klienten« zu beobachten, da man sie normalerweise nur in Seeanemonen oder im Schutz von Felsen findet. «

◁△ Eine Partnergarnele (*Periclimenes magnificus*) entfernt bei einem Grabenden Schlangenaal (*Pisodonophis cancrivorus*) abgestorbene Hautstücke. Straße von Lembeh, Sulawesi, Indonesien.

» Trotz der Tatsache, dass man sich den Tieren an Putzstationen relativ leicht nähern kann, kann es frustrierend sein, ein gutes Foto zu schießen. Die Putzerlippfische schwimmen ständig umher und der Versuch, zwei oder drei von ihnen gleichzeitig scharf abgebildet bei einer interessanten Tätigkeit ins Bild zu bekommen, ist fast immer zum Scheitern verurteilt. Es nützt nichts, dass an Putzstationen meist sehr viel Betrieb herrscht. Viele Fotos sind von kleinen Kardinal- oder Riffbarschen verunstaltet worden, weil sie unpassend durch den Vordergrund geschwommen sind. «

△ Ein Mappa-Kugelfisch (*Arothron mappa*) erlaubt es einem Paar Putzerlippfische (*Labroides dimidiatus*), seine empfindlichen Kiemen zu reinigen. Sangalaki, Kalimantan, Indonesien.

△ Ein Putzerlippfisch (*Labroides dimidiatus*) wagt sich ins Maul einer Diagonal-Süßlippe (*Plectorhinchus lineatus*), während ein zweiter ihre Haut reinigt. Kalimantan, Indonesien.

Ein Langflossen-Fledermausfisch (*Platax teira*) lässt sich von einem Putzerlippfisch (*Labroides dimidiatus*) putzen, scheinbar ungestört von der Gegenwart des Kameramanns. Kapalai, Sabah, Malaysia.

» Eine Putzstation ist ein idealer Platz, um an große oder relativ scheue Tiere heranzukommen. Diese Bereiche scheinen »entmilitarisierte Zonen« zu sein, an denen Beutetiere sich unbeschadet neben Räubern und kleine neben großen Tieren aufhalten können. Taucher können hier zahllose verschiedene Arten des Riffs beobachten. Wenn ich einen neuen Tauchplatz erkunde, versuche ich so viel wie möglich über gute Putzerstationen zu erfahren, mit großen Muränen, Zackenbarschen und gelegentlich auch einmal einem Hai. «

◁ Putzerlippfische (*Labroides dimidiatus*) sind bei den meisten Fischen willkommen, von den kleinen Riffbarschen bis zu einigen der größten Räuber des Riffs, wie dieser Großen Netzmuräne (*Gymnothorax favagineus*). Sodwana Bay, Südafrika.

Ein Manta-Rochen (*Manta birostris*) vertraut sich einer Vielzahl von Mondsichel-Junkern (*Thalassoma lunare*) an, die Parasiten aus seinen Kiemen entfernen. Raja Ampat, Irian Jaya, Indonesien.

» Ich bin vor allem aus einem Grund nach Bali gereist – um Bilder des Mondfischs zu machen, des vielleicht ungewöhnlichsten Fischs, den man im Riff finden kann. Diese großen Tiere besuchen Putzstationen im Tiefwasser, nicht weit von den Stränden Balis, um sich von Schwärmen von Wimpelfischen putzen zu lassen. Das Abtauchen in die kalten Strömungen, um die auf Putzer wartenden Mondfische zu beobachten, war eins der unglaublichsten Erlebnisse meiner Taucherlaufbahn. «

△ Ein Schwarm-Wimpelfisch (*Heniochus diphreutes*) als Putzer. Lembongon, Bali, Indonesien.

◁ Der größte Knochenfisch der Meere ist der Mondfisch (*Mola mola*). Das wenige Bekannte über ihn ist an Putzstationen zusammengetragen worden, wie denen vor der Südostküste Balis. Lembongon, Bali, Indonesien.

UNLÖSBARE BEZIEHUNG

Die meisten Tiere können von Beziehungen zu einem anderen Tier profitieren, sind aber nicht von ihm abhängig. Für einige Arten ist die Gegenwart einer anderen jedoch überlebenswichtig. Zu den bekanntesten von ihnen gehören die Anemonenfische. Die hübschen Fische werden von den nesselnden Tentakeln ihrer Wirtsanemone geschützt. Hier finden sie ihre Nahrung, kämpfen und ziehen sogar ihre Jungen auf. Als Gegenleistung für den gewährten Schutz versuchen die Anemonenfische, jedes Tier anzugreifen und zu vertreiben, das der Seeanemone trotz ihrer Nesselzellen schaden will. Fest steht: Ohne die Anemone könnten die lebhaft gefärbten Anemonenfische nicht im Korallenriff überleben.

▷ Ein Westlicher Clownfisch (*Amphiprion ocellaris*) versteckt sich in den schützenden Tentakeln einer Prachtanemone (*Heteractis magnifica*). Sangalaki, Kalimantan, Indonesien.

△ Clarks Anemonenfisch (*Amphiprion clarkii*) sucht zwischen den Tentakeln einer Seeanemone Schutz. Mabul, Sabah, Malaysia.

△ Ein Malediven-Anemonenfisch (*Amphiprion nigripes*) wird von seiner Wirtsanemone geschützt. Male Atoll, Malediven.

△ Ein Halsband-Anemonenfisch (*Amphiprion perideraion*) zwischen den Tentakeln seiner Seeanemone. Mabul, Sabah, Malaysia.

△ Ein Stachel-Anemonenfisch (*Premnas biaculeatus*) in seiner Seeanemone. Kapalai, Sabah, Malaysia.

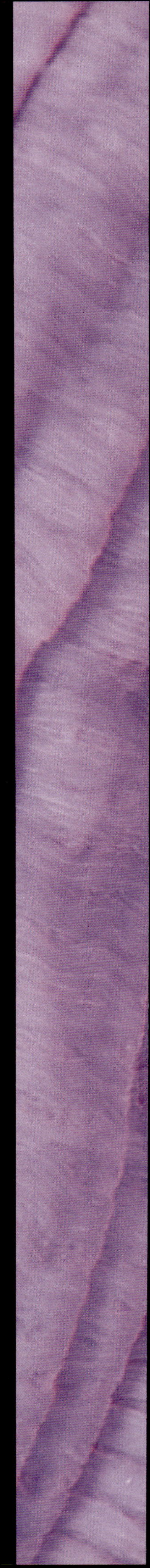

Vermehrung

Das Bedürfnis sich fortzupflanzen ist die Antriebskraft allen Lebens im Riff, wo der Erfolg jeder Art von der Weitergabe ihrer Gene abhängt.

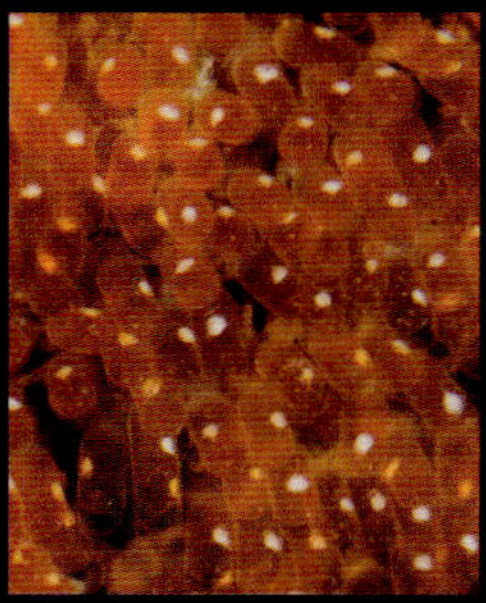

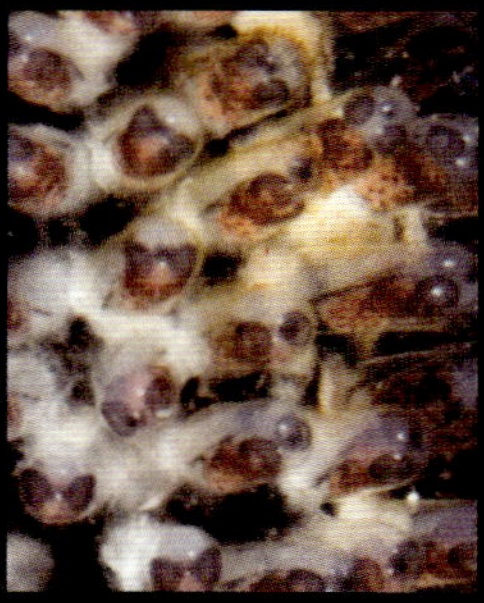

△ Webers Riffbarsche (*Chromis weberi*) messen ihre Kräfte durch Maulzerren.
▷ Ein weiblicher Fangschreckenkrebs (*Odontodactylus scyllarus*) bewacht seine Eier.

Für Arten wie die Steinkorallen ist die Vermehrung eine unkomplizierte Sache. Sie geben Eier und Spermien in die Strömung ab und überlassen die Befruchtung dem Zufall. Um die Chancen zu erhöhen, synchronisieren sie die Abgabe ihrer Geschlechtszellen – oft wird in einer einzigen Nacht im Jahr das Meer zu einer dickflüssigen Suppe.

Die meisten Lipp- und Papageifische haben ein komplizierteres Sexualleben. Ein Harem von Weibchen wird von einem einzigen Männchen geführt, das sich in leuchtenden Farben präsentiert. Dadurch wird es leicht das Ziel von Fressfeinden, und wenn es dabei stirbt, wird es vom dominanten Weibchen ersetzt, das sein Geschlecht ändert.

Zwitter wie die Nacktschnecken können sich paaren, wenn sie ein Tier ihrer Art treffen – sie tauschen lediglich Spermapakete aus. Für andere ist es nicht so leicht, da sie ihre Absicht zeigen und gleichzeitig Rivalen abwehren müssen.

Wenn es um die Brutpflege geht, leisten manche Arten Außergewöhnliches. Das Riesenkraken-Weibchen kann während der langen Brutpflegezeit verhungern, da es sich während der in kalten Gewässern nötigen langen Entwicklungszeit nur um seine Eier kümmert.

BALZVERHALTEN

Balzrituale ermöglichen es, einen Partner der eigenen Art unter anderen Arten oder ein Tier des anderen Geschlechts in einem Schwarm zu finden. Konkurrierende Männchen versuchen sich durch Drohverhalten zu messen, ohne tatsächlich miteinander kämpfen zu müssen. Das Weibchen müssen sie überzeugen, dass sie ein lohnender Partner sind. Da die entsprechenden Signale auch die Aufmerksamkeit von Fressfeinden erregen, können sie bewusst gezeigt oder verborgen werden. Am Grund lebende oder auf ihre Tarnung vertrauende Fische lassen leuchtende Farben auf den Flossenunterseiten aufblitzen oder verändern für kurze Zeit die Farben und Zeichnungen ihres Körpers. Kleine Fische wie Brunnenbauer, Grundeln und Leierfische bewegen sich ruckhaft oder stellen plötzlich Rückenflossen auf, die ansonsten angelegt sind. Viele Arten benutzen Geräusche oder Bewegungen als Teil ihres Balzverhaltens, indem sie trommelnde Laute von sich geben oder zittern und schwanken. Ein eindrucksvolles Balzverhalten kann sogar lebensrettend sein. So ist es zum Beispiel nicht ungewöhnlich, dass ein Oktopus-Weibchen ein Männchen auffrisst, wenn es nicht das passende Verhalten zeigt.

▽▷ Grüne Feilenfische (*Pseudomonacanthus macrurus*) leben in lockeren, von den Männchen kontrollierten Revieren. Die Männchen balzen vor den Weibchen, doch wenn das Weibchen nicht beeindruckt ist, sucht es ein anderes Männchen in der Nähe auf. Straße von Lembeh, Sulawesi, Indonesien.

»Ich hatte das Glück, während eines meiner Sonnenuntergangs-Tauchgänge bei Sipadan auf eine Gruppe dieser seltenen Leierfische zu stoßen. Das balzende Männchen umkreiste die Weibchen langsam, spannte seine Rückenflossen auf und ließ seinen Körper leicht vibrieren. Die Fische waren dabei so sehr mit sich selbst beschäftigt, dass sie meine Gegenwart überhaupt nicht zu bemerken schienen.«

▽ Dieser seltene Leierfisch (*Synchiropus circularis*) ist nur vor einigen isolierten Inseln beobachtet worden, einschließlich Sipadan. Wie bei anderen Leierfisch-Arten gehen dem Ablaichen über dem Riff komplizierte Balzrituale voraus. Sipadan, Sabah, Malaysia.

△ Der Sand-Eidechsenfisch (*Synodus dermatogenys*) bläht die Kehle auf und lässt den Kopf vibrieren, um eine Partnerin zu beeindrucken. Straße von Lembeh, Sulawesi, Indonesien.

△ Ein Brunnenbauer (*Opistognathus* sp.) schießt aus seinem Bau, um seine Zeichnung zu zeigen. Mabul, Sabah, Malaysia.

△ Eine Gelbe Partnergrundel (*Cryptocentrus cinctus*) präsentiert ihre leuchtenden Farben. Mabul, Sabah, Malaysia.

» Nachdem ich eine Zeit lang einem Wunderpus gefolgt war, machte ich einige Porträtaufnahmen, da er sich an meine Gegenwart gewöhnt zu haben schien. Da ich mich wegen der Scharfstellung auf seine Augen konzentrierte, nahm ich nichts Ungewöhnliches wahr, bis ich ganz genau hinsah – es waren zwei Tiere, wobei sich das kleine Männchen fast vollständig in das viel größere Weibchen verstrickt hatte. Ich hatte nicht bemerkt, dass ich die Tiere bei der Paarung störte, doch sie ließen sich nicht ablenken und entfernten sich danach in unterschiedliche Richtungen. «

◁▽ Die meisten Oktopus-Weibchen sind größer als ihre Männchen, deren Balz daher verhindert, dass sie gefressen werden. Über den Wunderpus (*Wunderpus photogenicus*) ist wenig bekannt, doch vielleicht soll hier die Balz nur den Wunsch zur Paarung bei den Tieren festigen. Straße von Lembeh, Sulawesi, Indonesien.

DER SINN DES LEBENS

Jedes Lebewesen erfüllt im Leben vor allem einen Zweck – seine Gene an die nächste Generation weiterzugeben. Die meisten Korallen- und Seeanemonenarten vermehren sich ungeschlechtlich, indem sie Knospen abschnüren, die als Kopien ihrer selbst zum Aufbau des Riffs beitragen. Obwohl die ungeschlechtliche Vermehrung relativ einfach ist, stimmt der Nachwuchs genetisch mit den Eltern überein, sodass die Populationen gegenüber sich verändernden Bedingungen und Krankheiten empfindlich werden. Die geschlechtliche Vermehrung führt dagegen zum Austausch von genetischen Informationen und zu Variationen bei den Nachkommen – eine Strategie, die die meisten Rifftiere einsetzen. Korallen sind zu beiden Vermehrungsarten in der Lage und entlassen bei geeigneten Bedingungen einfach Spermien und Eier zur Befruchtung in das Wasser. Manche Lippfische, Papageifische und Riffbarsche laichen in großen Gruppen ab, wohingegen die kleinen Mandarinfische in Paaren ihre Eier über den Korallen abgeben. Andere Arten, wie Nacktschnecken, Haie und Meeresschildkröten, paaren sich, sodass die Eier innerhalb des Körpers befruchtet werden.

▷ Damit die Eier in der Strömung verteilt werden, führt das Männchen des Mandarinfischs (*Synchiropus splendidus*) seine Partnerin hoch über das Riff, bevor beide sich wieder in Sicherheit bringen. Maratua, Kalimantan, Indonesien.

△ Die Eier des weiblichen Mandarinfischs (*Synchiropus splendidus*) bleiben nah am Körper, wo das Männchen sie befruchtet. Kalimantan, Indonesien.

◁ Höckerschnecken wie *Halgerda malesso* sind Zwitter mit männlichen und weiblichen Geschlechtsorganen. Bei der Paarung werden Spermapakete ausgetauscht und die meisten Nacktschnecken paaren sich, wann immer sie auf ein Tier der eigenen Art treffen. Mabul, Sabah, Malaysia.

△ Die Prachtsternschnecken (hier *Mexichromis multituberculata*) drehen sich herum, um die Paarung vorzubereiten. Seraya, Bali, Indonesien.

△ Prachtsternschnecken der Art *Hypselodoris whitei* pressen ihre Kopulationsorgane aufeinander. Straße von Lembeh, Sulawesi, Indonesien.

△ Wie alle Nacktschnecken vermeidet auch die Prachtsternschnecke *Risbecia tryoni* eine Selbstbefruchtung. Sabah, Malaysia.

» Bei einem normalen Tauchgang ist es nichts Ungewöhnliches, Nacktschnecken bei der Paarung zu beobachten. Gelegentlich hat man das Glück, einen Tauchplatz zu finden, an dem sich Schnecken in großen Gruppen paaren – eine Art »Zeitlupen-Orgie«. Diese Ereignisse sind schwer vorherzusagen, da man nicht weiß, welche Kombination von Strömungen, Gezeiten und Wasserbedingungen die Nacktschnecken zur Paarung anregt. «

▷ Die Prachtsternschnecke *Hypselodoris bullockii* speichert die Spermapakete ihres Partners, bevor sie die befruchteten Eier in einem spiralförmigen Band ablegt. Mabul, Sabah, Malaysia.

△ Die Prachtsternschnecke *Hypselodoris nigrostriata* legt ihre befruchteten Eier ab. Seraya, Bali, Malaysia.

△ Die Prachtsternschnecke *Ceratosoma tenue* produziert Eier, die im Riff gut getarnt sind. Sulawesi, Indonesien.

» Am Ende eines langen Tauchgangs, bei dem wir Garnelen und Krabben auf den Sandflächen beobachtet hatten, bemerkte ich kleine Wölkchen, die wie Rauch über einigen Korallen am Riffrand aufstiegen. Die Sichtweite nahm deutlich ab und mir wurde klar, dass ich das Ende eines Massenablaichens beobachtet hatte, etwas, das ich noch nie zuvor gesehen und auch jetzt fast verpasst hatte. Das Wasser war dickflüssig geworden und seine Oberfläche war mit Eiern und Spermien bedeckt. Viele Korallenarten laichen am gleichen Ort zur gleichen Zeit ab, wenn die Bedingungen für die Verbreitung der nächsten Generation optimal sind. Meist geschieht das in einer einzigen Nacht im Jahr, wobei sich die Korallen an den Mond- und Gezeitenzyklen orientieren. «

▽▷ Doldenkorallen (*Lobophyllia* sp.) des gleichen Riffs synchronisieren das Ablaichen und geben große Mengen an Eiern und Spermien in die Strömung ab. Sangalaki, Kalimantan, Indonesien.

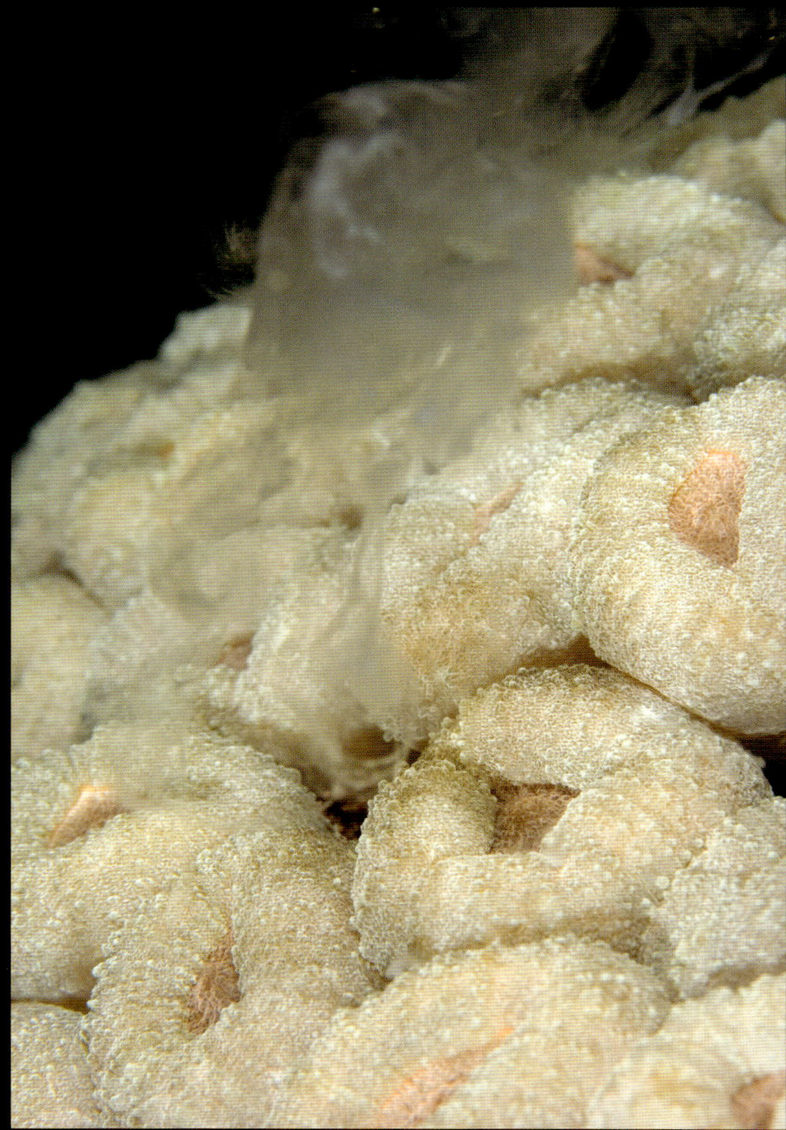

» Ich werde nie vergessen, wie ich zum ersten Mal Suppenschildkröten bei der Paarung beobachtete. Ich tauchte in der Nähe von Sipadan, als mir mehrere Männchen auffielen, die einander im freien Wasser verfolgten. Als ich ihnen nachschwamm, traf ich auf eine Gruppe von sieben Männchen, die wild aufeinander einbissen und sich in dem Chaos mit dem einzigen anwesenden Weibchen paaren wollten. Suppenschildkröten sind normalerweise ruhige Tiere, doch wenn es um die Paarung geht, verändern sie sich vollkommen. Ich habe sie niemals zuvor so energiegeladen und zielstrebig gesehen. «

▽ Während der Paarung umklammert das Männchen der Suppenschildkröte (*Chelonia mydas*) mit den Krallen an seinen Vorderbeinen den Rückenpanzer des Weibchens. Die anderen Männchen wollen es herunterziehen, um selbst eine Chance zur Paarung zu bekommen. Sipadan, Sabah, Malaysia.

△ Ein Lederschildkröten-Weibchen (*Dermochelys coriacea*) kommt nachts zu seinem Eiablageplatz. Kamiali, Papua-Neuguinea.

△ Ein Weibchen der Echten Karettschildkröte (*Eretmochelys imbricata*) vergräbt seine Eier im Sand. Gulisan, Sabah, Malaysia.

△ Junge Suppenschildkröten (*Chelonia mydas*) schlüpfen etwa 60 Tage nach der Eiablage und wenden sich sofort dem offenen Meer zu. Selingan, Sabah, Malaysia.

Zwei junge Lederschildkröten (*Dermochelys coriacea*) streben dem Meer zu. Man nimmt an, dass nur eine von 1000 Meeresschildkröten geschlechtsreif wird. Kamiali, Papua-Neuguinea.

BRUTPFLEGE

Freilaicher verlassen sich auf das Schicksal und die große von ihnen abgegebene Laichmenge, damit die nächste Fischgeneration zurückkommt und das Riff bevölkert. Andere Arten verfolgen eine gezieltere Strategie – sie kümmern sich um die Eier und investieren Zeit in die Brutpflege, damit die Jungen den bestmöglichen Start ins Leben erhalten. Die Weibchen produzieren nur wenige Eier, die aber große Dotter besitzen, um die Jungen zu ernähren. Die Eier werden dann auf einem Felsen oder einer Koralle abgelegt. Mosambik-Zwerggrundeln legen ihre Eier direkt auf den Seescheiden ab, auf denen sie leben, wohingegen männliche Seepferdchen spezielle Taschen besitzen, in die die befruchteten Eier abgelegt werden. Die »schwangeren« Männchen kümmern sich nun bis zum Schlupf um die Eier. Die Männchen der Kardinalbarsche und Brunnenbauer tragen die befruchteten Eier sogar im Maul, um sie vor Räubern zu schützen; während dieser Zeit der Maulbrutpflege hungern sie.

◁ Sattelfleck-Anemonenfische (*Amphiprion polymnus*) bewachen ihre Eier, die sie auf einer Flasche abgelegt haben. Die Flasche haben sie an ihre Wirtsanemone (*Sticho-dactyla haddoni*) herangezogen, sodass die Eier frei von Algen oder Parasiten bleiben. Straße von Lembeh, Sulawesi, Indonesien.

△ In den Eiern kann man die Augen der jungen Sattelfleck-Anemonenfische (*Amphiprion polymnus*) erkennen. Mabul, Sabah, Malaysia.

▽▷ Weibchen des Goldenen Riffbarschs (*Amblyglyphidodon aureus*) legen die Eier auf abgestorbenen Peitschenkorallen-Ästen ab. Die Männchen befruchten die Eier und übernehmen dann die Verantwortung. Mabul, Sabah, Malaysia.

» Man braucht viel Zeit, um die Eier dieser winzigen Fische zu finden. Bis sich die Augen der Jungen entwickeln, sind sie nahezu vollkommen transparent und kaum zu entdecken. Hat man sie jedoch gefunden, kann man mit seinen Fotos die Brutpflege bei Fischen perfekt demonstrieren. Die Grundel schwimmt nur in die Strömung hinaus, um zu fressen, oder sie versteckt sich kurz, wenn sie sich von einem Räuber oder dem Fotografen bedroht fühlt – doch sie versäumt niemals, wieder zum Gelege zurückzukehren. «

◁ Die Mosambik-Zwerggrundel (*Pleurosicya mossambica*) legt ihre Eier normalerweise auf einer Seescheide (*Rhopalaea* sp.) ab, sodass sie in der Nähe bleiben und ihre Nahrung in der Strömung suchen kann. Seraya, Bali, Indonesien.

△ Die Mosambik-Zwerggrundel (*Pleurosicya mossambica*) bewacht die auf einer Seescheide (*Rhopalaea* sp.) abgelegten Eier. Mabul, Sabah, Malaysia.

◁ Nach der Paarung behält das Männchen des Goldbrillen-Brunnenbauers (*Opistognathus* sp.) die Eier im Maul, bis die Jungen etwa eine Woche später schlüpfen. Es schichtet die Eier während dieser Zeit immer wieder im Maul um, damit sie genug Sauerstoff zur Entwicklung bekommen. Mabul, Sabah, Malaysia.

» Die Kieferfische oder Brunnenbauer tragen passende Namen – das auffälligste Merkmal der in »Brunnen« lebenden Fische sind die riesigen Kiefer. Die interessanten Tiere benutzen sie für die verschiedensten Zwecke: Sie halten ihre Baue instand, indem sie mit ihnen Sand herausschaufeln, und sie reißen sie auf, um Partner oder Rivalen zu beeindrucken. Die Männchen betreiben mit ihrer Hilfe Brutpflege und behalten die Eier ihrer Partnerin im Maul, bis die Jungen schlüpfen. «

△ Brunnenbauer (*Opistognathus* sp.) sind an der Basis des Riffs nicht selten, doch wenn sie nicht wie hier ihr Drohverhalten zeigen, kann man nur ihre Köpfe im Eingang der Wohnröhre sehen. Mabul, Sabah, Malaysia.

▽ Im Gegensatz zu vielen anderen Rifftieren lebt Pfeffers Prachtsepie (*Metasepia pfefferi*) als Jungtier nicht im Plankton. Die Jungen schlüpfen als Miniaturausgaben der Erwachsenen und jagen sofort auf den Sandflächen. Straße von Lembeh, Sulawesi, Indonesien.

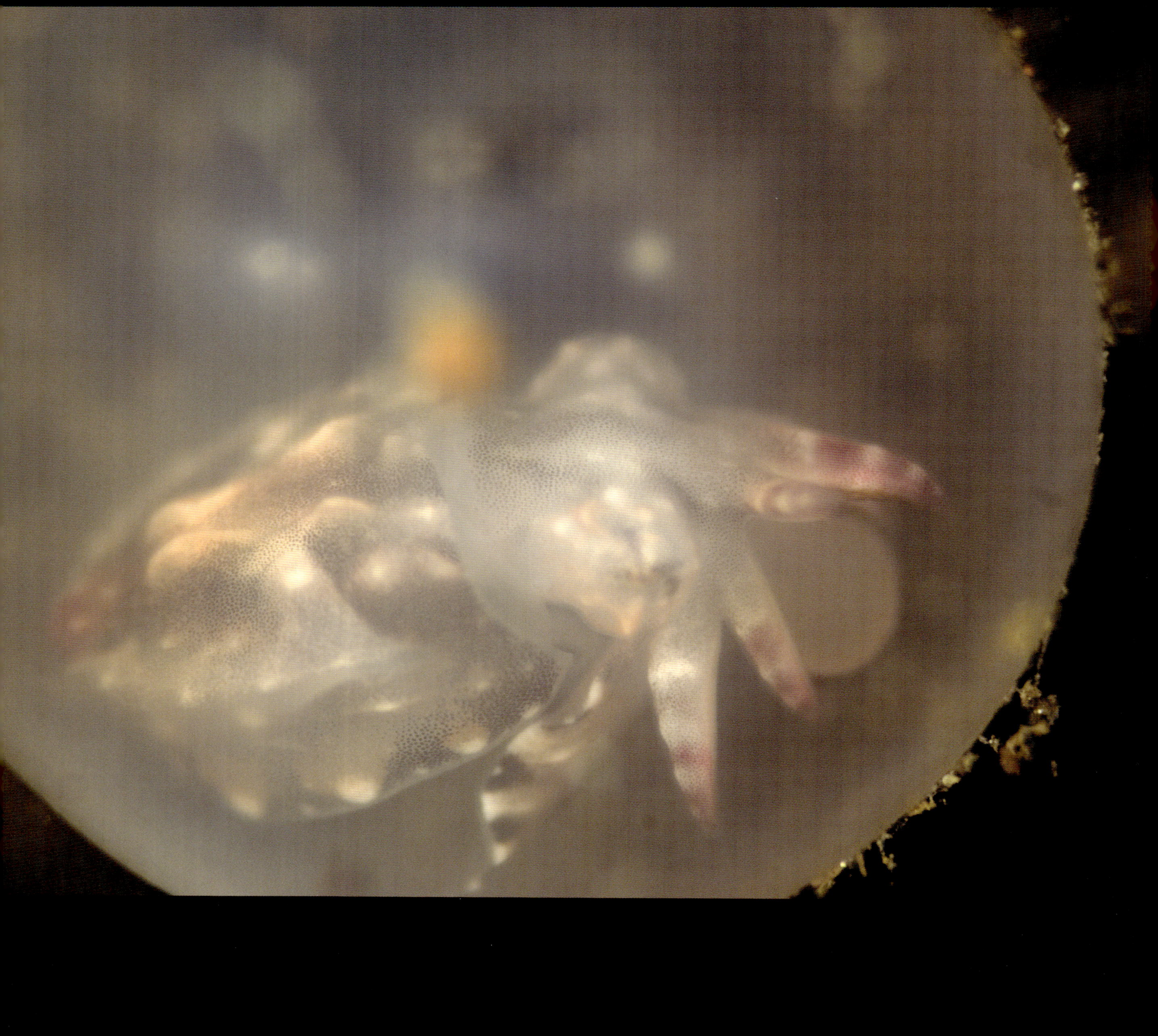

» Zweifellos gehört Pfeffers Prachtsepie zu meinen liebsten Motiven. Wegen ihres Verhaltens und ihrer Farben fotografiere ich sie, wann immer ich die Gelegenheit dazu habe. Während einer Reise nach Sulawesi hatte ich das Glück, ein Gelege zu finden und die Jungen beim Schlupf beobachten zu können. Für mich war es ein Privileg, die winzigen Tiere bei ihren ersten »Schritten« ins Leben fotografieren zu dürfen. «

△ Die Eier werden auf einem festen Untergrund abgelegt, gut versteckt vor Fressfeinden. Straße von Lembeh, Sulawesi, Indonesien.

△ Die Eihülle schützt die Sepie vor Umwelteinflüssen, Parasiten und Räubern. Straße von Lembeh, Sulawesi, Indonesien.

△ Die jungen Sepien sind schon sofort nach dem Schlupf zu plötzlichen Farbveränderungen fähig. Straße von Lembeh, Sulawesi, Indonesien.

△ Das Jungtier, nicht größer als ein Fingernagel, ist bereits ein so erfolgreicher Räuber wie die Erwachsenen. Straße von Lembeh, Sulawesi, Indonesien.

JUNGFISCHVERHALTEN

Die meisten Jungfische treiben im Plankton, bis sie sich im Riff niederlassen, wo sie auf sich allein gestellt sind. Sepien und Kofferfische sind Miniaturausgaben ihrer Eltern und bereits wie sie zum Überleben ausgestattet, wohingegen andere Jungfische ihre eigenen Techniken nutzen, bis sie erwachsen sind. Junge Fledermausfische ähneln treibenden Blättern oder giftigen Plattwürmern, während Süßlippen die Bewegungen der Plattwürmer imitieren. Trotz ihrer geringen Größe können die meisten Jungfische ihre Fressfeinde täuschen.

△ Imperator-Kaiserfische (*Pomacanthus imperator*) in Jungfischfärbung. Bali, Indonesien.

△ Die Breitarm-Sepie (*Sepia latimanus*) ist von Geburt an gut getarnt. Sulawesi, Indonesien.

△ Junge Spitzmaul-Fledermausfische (*Platax pinnatus*) ähneln Plattwürmern. Sulawesi, Indonesien.

△ Der Schwamm-Feilenfisch (*Brachaluteres ulvarum*) ist gut getarnt. Sulawesi, Indonesien.

△ Dornrücken-Kofferfische (*Lactoria fornasini*) sind gut gepanzert. Sulawesi, Indonesien.

△ Flughähne (*Dactyloptena orientalis*) schrecken Räuber mit ihren Flossen ab. Sulawesi, Indonesien.

◁ Der junge Paddelbarsch (*Cromileptes altivelis*) ahmt vermutlich giftige Plattwürmer nach. Straße von Lembeh, Sulawesi, Indonesien.

Schutz der Riffe

Die Menschheit fügt den Meeren schon lange Schäden zu, doch erst jetzt überschreiten wir den Punkt, ab dem sie sich vielleicht nie mehr erholen werden. Wir müssen schnell handeln, um ihre Zukunft zu sichern.

Die Menschheit ist immer davon ausgegangen, dass die Ressourcen der Meere und Riffe grenzenlos seien – Fische gab es immer zur Genüge und die Wellen haben unsere Abfälle weggespült. Geht man von der Größe der Ozeane und unserer relativen Unwissenheit über das Geschehen unter ihrer Oberfläche aus, ist es leicht, diese Positon zu verstehen. Das rapide Anwachsen der Weltbevölkerung und ihre gestiegenen Ansprüche fordern aber ihren Tribut, unter dem besonders die marinen Lebensräume zu leiden haben.

Die Riffe der Welt sind heute mit vielen ernsthaften Problemen konfrontiert. Eine der größten Bedrohungen ist die Überfischung – jeden Tag verlassen sich Millionen von Menschen auf die Meere als Nahrungsquelle und jeden Tag fahren tausende von Schiffen hinaus, um diese Nachfrage zu stillen. Netze verwüsten den Meeresgrund, Langleinen spannen sich durch das Wasser und Millionen Haie werden abgeschlachtet, um sie zu Haifischflossensuppe zu verarbeiten. Tatsächlich sind weltweit bereits viele Fischpopulationen so weit geschrumpft, dass sie sich wahrscheinlich nicht mehr erholen werden. Tropische Korallenriffe werden in alarmierender Geschwindigkeit von Fischern zerstört, die mit Dynamiteinsatz schnell etwas fangen oder mit Zyanid lebende Fische für Restaurants und Aquarien erbeuten wollen. Mangrovenwälder werden abgeholzt, um Platz für Häuser zu schaffen oder Holzkohle zu erzeugen, und Kelp wird weltweit gesammelt. Andere, weniger direkte Effekte fordern auch ihren Tribut. Populationen kelpfressender Seeigel sind explodiert, seitdem ihre Fressfeinde überfischt worden sind, sodass die Aufforstung des Kelps schwieriger werden wird. Ins Wasser geworfene Plastikteile verstopfen die Mägen von Schildkröten und Seevögeln und verlorene Netze treiben jahrelang umher und ertränken Delfine und Robben. Öl und Abfälle von Schiffen bedrohen die marinen Lebensräume, während Abwässer vom Land aus durch Gifte, Sediment- und Stickstofffrachten sowohl küstennahe Riffe als auch felsige, tangbewachsene Küsten schädigen. Alle menschlichen Aktivitäten, ob im Meer oder an Land, haben letztendlich einen Einfluss auf die Riffe unseres Planeten.

Erst vor Kurzem hat die Menschheit begonnen, die Bedeutung der Vielfalt der globalen Ökosysteme zu verstehen. Durch die Zerstörung ganzer Riffe, Mangrovensümpfe und Kelpwälder sind wir für den Verlust eines erschreckend großen Teils dieser Vielfalt verantwortlich und stehen der sehr realen Möglichkeit gegenüber, dass ein gesamtes Ökosystem zusammenbricht. Menschen und Riffe hatten immer eine nahe Beziehung, doch erst in der letzten Zeit kippt sie in die falsche Richtung. Es hängt nun von uns ab, diese wunderschönen Lebensräume zu retten, ihre Grenzen zu erkennen und einzusehen, dass wir unsere kurzfristigen Interessen zum Wohle nicht nur einzelner Lebensräume, sondern der globalen Ökosysteme zurückstellen müssen.

Es ist nicht zu spät, um umzudenken. Eine nachhaltige Wirtschaft mit der Einführung und Kontrolle von Fangquoten sowie dem Einrichten von Fangverbotszonen hat sowohl bezüglich der industriellen Fischerei als auch der Subsistenzwirtschaft auf abgelegenen Inseln Erfolge gezeigt. Neue Aquakulturtechniken können den Druck auf natürliche Populationen verringern. Außerdem können Korallen und Muscheln in Behältern gezüchtet und in beschädigten Riffen angesiedelt werden. Verstärkte Kontrolle der Schifffahrt und die Erkenntnis, dass unsere Aktivitäten an Land für lange Zeit das Meer beeinflussen, haben zu einer Verringerung der Umweltverschmutzung in vielen Teilen der Welt geführt – doch es gibt noch viel zu tun. Heute ist die wichtigste Einzelmaßnahme die Förderung der Bildung. Wir müssen uns des Einflusses der Überbevölkerung und unseres Konsumverhaltens bewusst werden. Jetzt ist der Zeitpunkt gekommen, unsere Beziehung zu den Lebensräumen der Wasserwelt wieder zu beleben, bevor sie nicht mehr zu retten sind.

» Zugunsten der langfristigen Gesundheit der weltweifen Riffe müssen wir unsere kurzfristigen Interessen hintanstellen. «

△ Ein Taucher, der über einen Schlauch mit Luft versorgt wird, sammelt mit Natriumzyanid betäubte Fische. Die Chemikalie tötet jedoch auch Korallen. Südostasien.

△ Nach dem El Niño in den Jahren 1997 und 1998 waren viele Riffe im Indischen und Pazifischen Ozean zerstört oder beschädigt. Indischer

» Heute sind die tropischen Küstenlebensräume nicht nur durch die große Nachfrage nach Nahrung bedroht, sondern auch durch die zerstörerischen Fangmethoden. Grundschleppnetze sowie Dynamit- und Zyanidfischerei garantieren einen großen Fang, zerstören aber auch die Riffe selbst und damit die Lebensräume, die die Fischbestände erhalten. Durch die überregionalen Probleme wie die globale Erwärmung und das Auftreten von El Niño kann es geschehen, dass sich bereits geschädigte Bereiche nicht mehr erholen können. Wenn nicht schnell etwas geschieht, können tropische Küstenlebensräume wie die Riffe unwiderbringlich zerstört werden und viele Küstenbewohner müssen diese Nahrungsquelle letztlich aufgeben. «

◁ Mithilfe der Dynamitfischerei kann man schnell und leicht Fische fangen, doch sie zerstört die Riffe selbst – und es gehen viele Tiere verloren. Südostasien.

△ Fischer holen ihre Netze ein – sie fangen nicht viel, aber ein breites Artenspektrum. Südostasien.

△ Der Schleppnetzfang von Garnelen hat in der Fischerei eine der höchsten Beifangquoten. Südostasien.

» Haie sind stark bedroht. Viel zu viele dieser Räuber werden jedes Jahr getötet, wobei viele Menschen nicht wissen, welche wichtige Rolle sie in den marinen Ökosystemen spielen. Durch das Fressen von Beutetieren halten sie die Populationen anderer Arten gesund – sie töten nur die kranken, die langsamen und die Tiere, die »Pech« hatten. Einige Untersuchungen zeigen, dass Haie eine Schlüsselrolle einnehmen könnten. Ohne sie könnte das gesamte marine Ökosystem zusammenbrechen. «

▷ Es hat immer eine Nachfrage nach Haiprodukten gegeben. In den letzten Jahren ist Haifischflossensuppe allerdings sehr beliebt geworden und man vermutet, dass jedes Jahr 100 Millionen Haie getötet werden – vor allem wegen ihrer Flossen. Manche Arten können in wenigen Jahrzehnten ausgestorben sein. Bilder aus Südostasien.

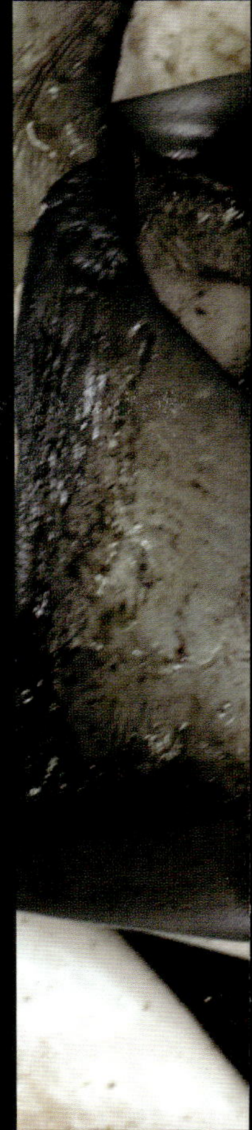

△ Der Tigerhai (*Galeocerdo cuvier*) ist eine sehr wichtige Art, doch erst jetzt haben wir mit der Markierung von Tieren begonnen, um ihre Verbreitung und ihre Wanderrouten zu verstehen. Aliwal Shoals, Südafrika.

» Ich sah auf Sipadan, Sabah, Malaysia, meine erste Schildkröte bei der Eiablage. Man darf dort nicht mehr übernachten, doch gibt es andere, gut bewachte Brutplätze in Nordborneo, an denen man die Tiere gegen eine Gebühr beobachten kann. Das von einer gesunden Schildkrötenpopulation auf diese Weise eingebrachte Geld überwiegt bei Weitem die Einnahmen, die man durch den Verkauf der Eier oder Panzer erzielen kann – Schildkröten sind lebend mehr wert als tot. Allerdings ist es entscheidend, dass man der lokalen Bevölkerung vermittelt, dass die traditionelle Weise der Schildkrötennutzung nicht nur weniger lukrativ ist, sondern auch die Bestände vernichtet. «

▷ Meeresschildkröten spielen in der Ökologie eines Riffs eine wichtige Rolle, doch sie könnten von der Ausrottung bedroht sein – die Eier werden gesammelt und verkauft, die Tiere ertrinken in Schleppnetzen und an den Bruststränden entstehen Hotelanlagen. Südostasien.

▷ Nachdem sie sich in einer mondlosen Nacht an Land geschleppt hat, legt die Echte Karettschildkröte (*Eretmochelys imbricata*) ihre Eier in ein Nest über der Hochwassermarke. Gulisan, Sabah, Malaysia.

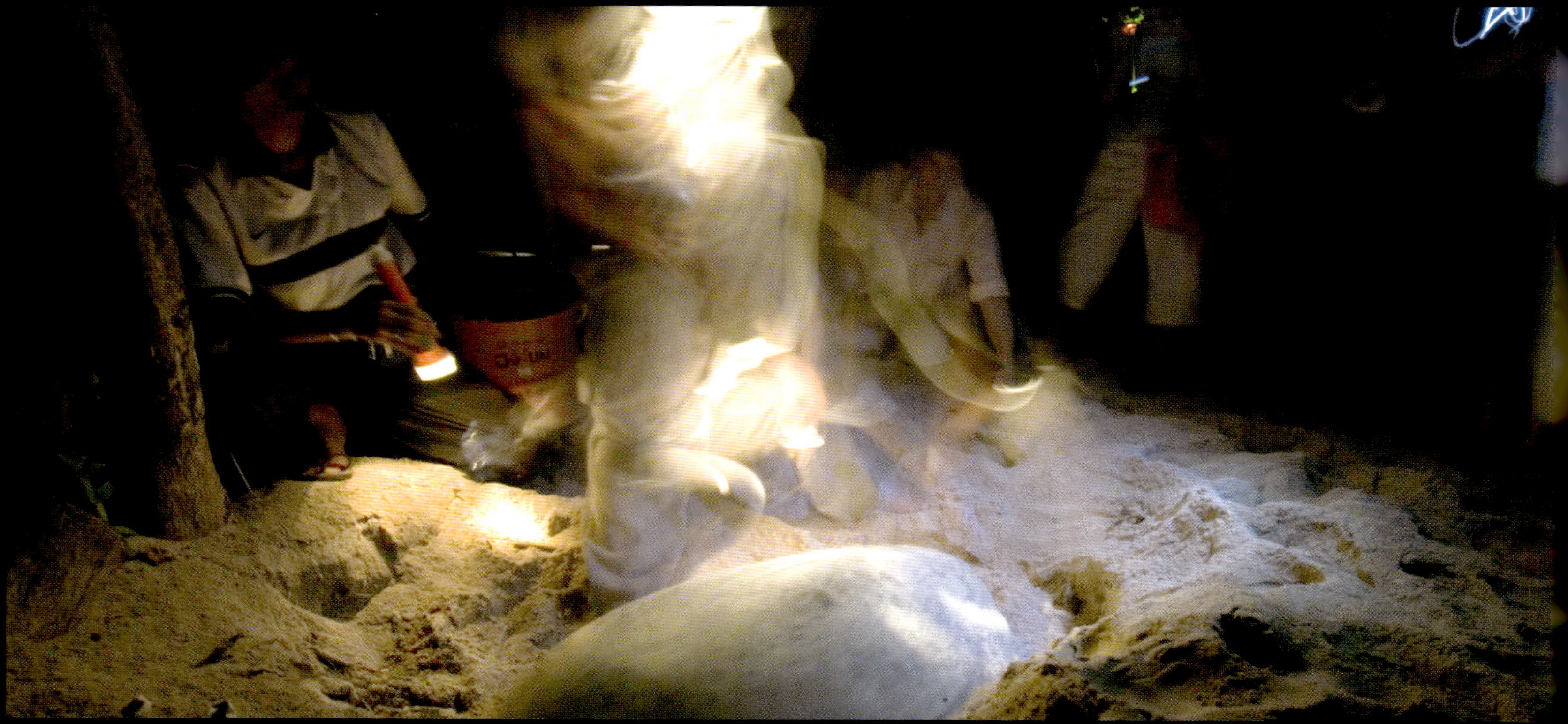

△ Mitarbeiter einer Naturschutzbehörde bewachen eine Suppenschildkröte (*Chelonia mydas*) bei der Eiablage. Selingan, Sabah, Malaysia.

Riffe der Welt

Korallenriffe findet man in den warmen, seichten, sonnendurchfluteten Gewässern der Tropen. Sie bestehen hauptsächlich aus den Kalkskeletten von Steinkorallen – kleinen, Tierstöcke bildenden Organismen.

Es gibt drei Haupttypen von Korallenriffen – Saumriffe, Barriereriffe und Atolle. Saumriffe sind die häufigsten Riffe und befinden sich in Landnähe, mit geringer oder keiner Trennung von der Küste. Sie entstehen durch das nach oben gerichtete Wachstum riffbildender Korallen auf dem Kontinentalschelf. Barriereriffe sind lang gestreckt, verlaufen parallel zur Küste und sind vom Land durch eine Wasserstraße getrennt, die sehr breit und tief sein kann. Atolle sind ringförmige Riffe, die eine zentrale Lagune umgeben. Die meisten Atolle befinden sich entfernt von großen Landmassen, wie etwa im Südpazifik. Teile des Riffs ragen bei Atollen und Barriereriffen oft als flache Koralleninseln aus dem Wasser, die aus dem durch die Wellen abgelagerten Korallenschutt entstehen.

Die riffbildenden Steinkorallen wachsen nur in klarem, flachem, sonnendurchflutetem Wasser, das mindestens 18 °C, vorzugsweise jedoch 25–29 °C warm ist. Steinkorallen gedeihen am besten, wenn der Salzgehalt des Wassers 3,6 Prozent beträgt und wenn es kaum Wellen oder von Flüssen eingetragene Sedimente gibt. Diese Bedingungen werden nur in einigen tropischen und subtropischen Gegenden der Welt erfüllt. Die meisten Korallenriffe gibt es in der indopazifischen Region, die sich vom Roten Meer bis zum Zentralpazifik erstreckt. Eine etwas geringere Riffkonzentration findet man in der Karibik.

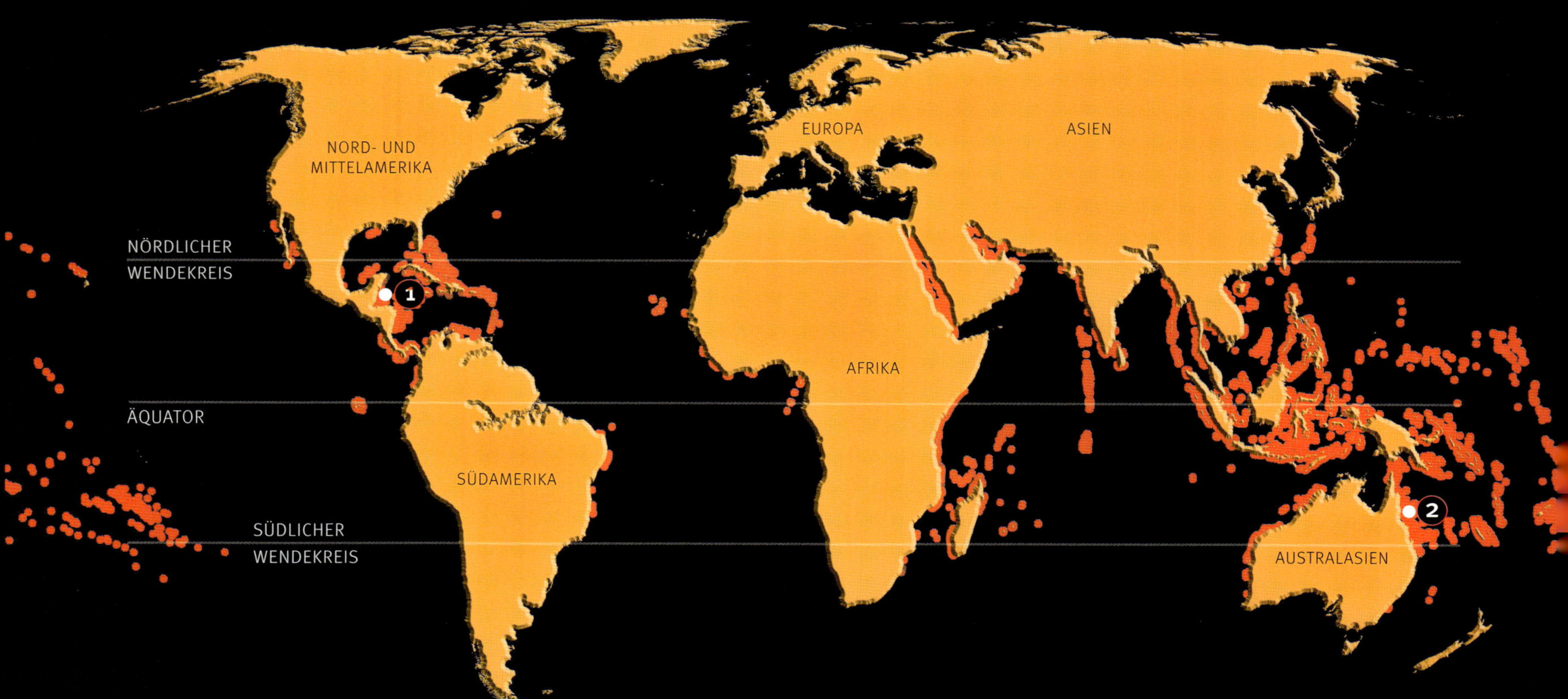

1 LIGHTHOUSE REEF

ORT 80 km östlich von Belize-City

GESAMTFLÄCHE 300 km²

WASSERTEMPERATUR 24–28 °C

Lighthouse Reef ist ein Atoll, das 55 km östlich des riesigen Belize-Barriereriffs liegt. Wie alle Atolle grenzt es an zahlreiche Korallenformationen, von denen viele die Wasseroberfläche durchbrechen. Die Korallen bilden eine kreisrunde Barriere gegenüber der See und schließen eine Lagune ein, die sich auf massivem Kalksteinuntergrund befindet. Im Zentrum des Riffs öffnet sich sein auffälligstes Merkmal – ein großes, nahezu kreisrundes Loch im Kalkgestein, bekannt als »Great Blue Hole«. Dieses Loch ist etwa 145 m tief und ist der Eingang zu einem Höhlensystem.

SCHLÜSSELART Diadem-Prachtkaiserfisch (*Holacanthus ciliaris*)

2 GREAT BARRIER REEF

ORT Küste von Queensland, nordöstliches Australien

GESAMTFLÄCHE 37 000 km²

WASSERTEMPERATUR 24–27 °C

Das australische Great Barrier Reef ist das größte Korallenriffsystem der Welt und erstreckt sich über 2000 km entlang der Küste von Queensland. Im Jahr 1975 ist der Great Barrier Reef Marine Park eingerichtet worden und 1981 ist die Region zum UNESCO-Weltnaturerbe erklärt worden. Das Great Barrier Reef besteht aus etwa 3000 einzelnen Riffen und kleinen Koralleninseln und ist die Heimat einer erstaunlichen Vielfalt von Arten – es gibt hier ungefähr 4000 Weichtierarten, 1500 Fischarten und 500 Algenarten.

SCHLÜSSELART Kartoffel-Zackenbarsch (*Epinephelus tukula*)

Mangroven der Welt

Die viele Küsten der Tropen und Subtropen säumenden Mangrovensümpfe bestehen aus verschiedenen Arten salztoleranter immergrüner Gehölzpflanzen, die im Bereich der Gezeitenzone gedeihen.

Mangrovensümpfe findet man an etwa acht Prozent aller Meeresküsten, wo sie die von den Flüssen eingeschwemmten Stoffe aus dem Wasser filtern und zum Schutz der Küste vor Erosion beitragen. Mangrovenbäume gedeihen in Küstenbereichen, die vor der Brandung geschützt sind und an denen es schlammige oder sandige Sedimente gibt, in denen sie wurzeln. Während die unteren Wurzelteile ins Sediment eindringen, bilden die Stelz- und Atemwurzeln darüber ein Geflecht, das von Flüssen und Gezeiten angeschwemmte Sedimente festhält und so die Riffe vor der Küste schützt.

Etwa 54 Arten von Bäumen und Sträuchern werden als Mangroven bezeichnet und jede von ihnen ist an das Leben in der Gezeitenzone angepasst. Die Fähigkeit im Salzwasser zu gedeihen ist lebenswichtig und manche Arten können sogar Salz über ihre Blätter abscheiden.

Als Lebensraum sind Mangrovensümpfe Zentren der Biodiversität. Ihre Wurzelgeflechte bieten Jungfischen einen sicheren Unterschlupf. Ihr Falllaub dient Tieren wie etwa Krabben als Nahrung, obwohl das meiste von Bakterien und Pilzen zersetzt wird, die wiederum von Fischen und Garnelen gefressen werden. Oberhalb der Wasserlinie bieten Mangroven einer Vielzahl von Vögeln, Insekten und Säugetieren ein Zuhause.

1 EVERGLADES

ORT Südwestliches Florida, USA

GESAMTFLÄCHE 1500 km² mit Mangroven bestanden

WASSERTEMPERATUR 21–29 °C

Mangroven bedecken ein großes, in etwa dreieckiges Gebiet an der Südwestspitze Floridas – die größten Mangrovensümpfe in Nordamerika. Die vorherrschende Art an den Rändern des Deltas und der zahlreichen Kanäle ist die Rote Mangrove. Das Wasser der Kanäle ist durch die Gerbstoffe ihrer Blätter meist braun gefärbt. Die Roten Mangroven sind für das Ökosystem äußerst wichtig, da sie vielen Arten von Fischen, Garnelen, Schwämmen, Krabben und anderen Wirbellosen als Kinderstube dienen.

SCHLÜSSELART Das seltene und gefährdete Spitzkrokodil (*Crocodylus acutus*)

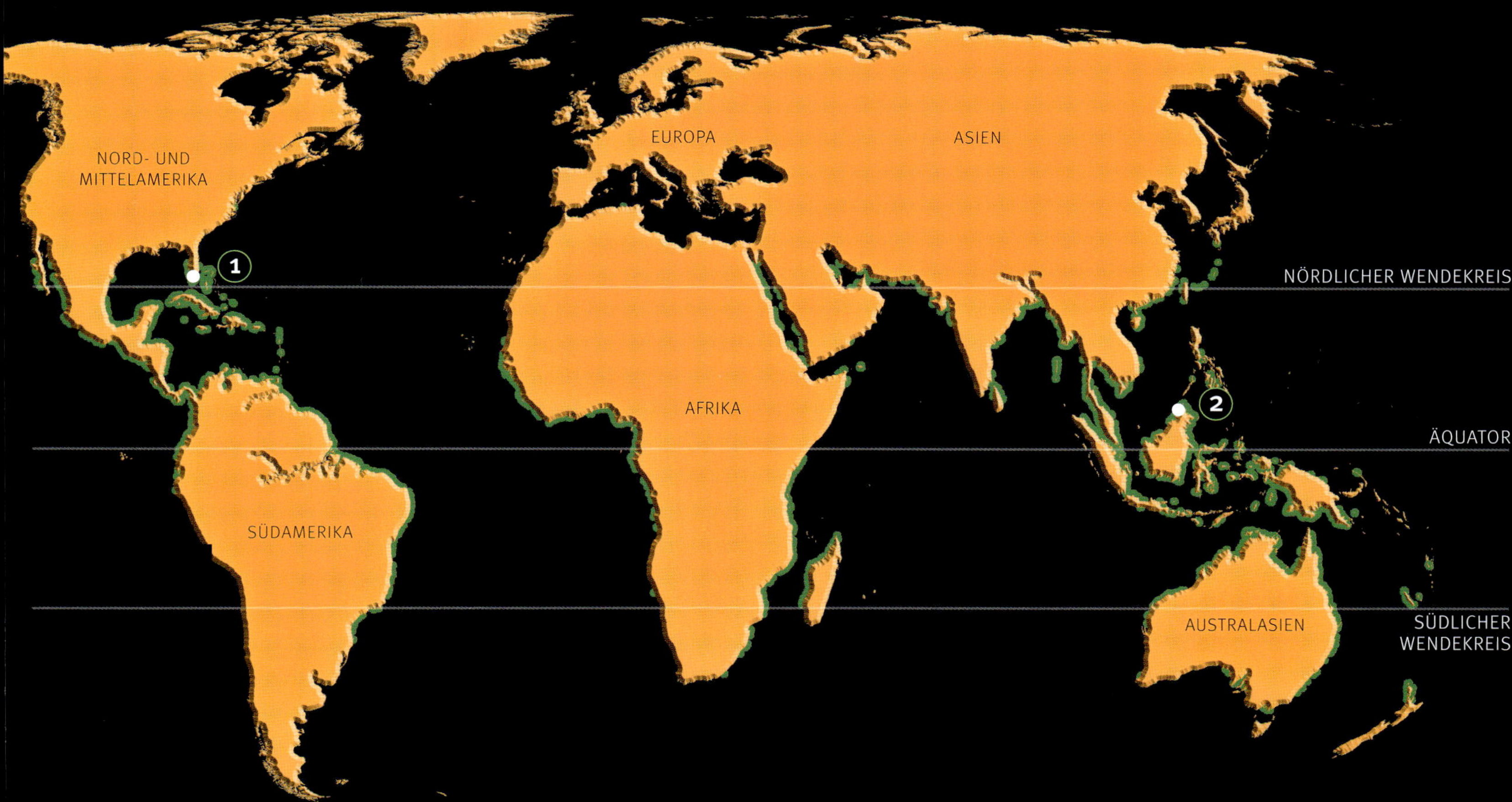

2 KINABATANGAN

ORT Südöstlich von Kota Kinabalu, östliches Sabah, Malaysia

GESAMTFLÄCHE 1000 km²

WASSERTEMPERATUR 24–28 °C

Die Mangrovensümpfe dieser Region bilden gemeinsam mit anderen Typen des Tieflandwalds und des Schilfgürtels ein komplexes Mosaik. Hier sind dutzende von Arten von Meeresfischen und Wirbellosen sowie Otter und etwa 200 Vogelarten zu Hause. Gelegentlich sind Irawady-Delfine gesehen worden, außerdem Nasenaffen. In den letzten 30 Jahren sind verschiedentlich Mangroven im Kinabatangan-Delta abgeholzt worden, doch die Regierung von Sabah hat nun mit einer Aufforstungsaktion begonnen, um zu versuchen, die Schäden zu beheben.

SCHLÜSSELART Bindenwaran (*Varanus salvator*)

Seegraswiesen der Welt

Seegräser, die man meistens in tropischen und subtropischen Gewässern findet, sind die einzigen vollständig marinen Blütenpflanzen. Sie gedeihen in flachen, sandigen Lagunen oder Buchten, wo genügend Licht ins Wasser fällt.

Seegraswiesen gehören zu den produktivsten Lebensräumen der Meere. Anders als Algen und Tange besitzen Seegräser Wurzeln, mit denen sie Nährstoffe aus den Sedimenten des Meeresbodens aufnehmen können. Damit bringen sie Stoffe in die Nahrungskette ein, die ansonsten im Substrat eingeschlossen blieben. Die verflochtenen Wurzeln und Rhizome der Pflanzen tragen zur Stabilisierung des Sands bei und schützen flache Meeresböden vor der Erosion. Die Blätter fangen Sedimente und Schwebteilchen auf und halten das Wasser klar. Sowohl die Blätter als auch die Wurzeln der Seegräser liefern vielen Meerestieren Nahrung, wie den Suppenschildkröten und den Seekühen. Der Karibik-Manati kann pro Tag bis zu 40 kg Seegras fressen und verdankt seinen zeppelinartigen Körperbau zum Teil den bei der Verdauung entstehenden Gasen. Seegraswiesen stellen auch wichtige Rückzugsgebiete für viele Jungfische dar, die sich bis zum Erreichen der Geschlechtsreife vor Räubern verstecken müssen. Viele Fische, die normalerweise nicht im Seegras leben, kommen zum Ablaichen hierhin, um ihren Jungen die bestmöglichen Überlebenschancen zu gewähren. Die Jungfische finden hier genügend Nahrung, da Würmer, Krebstiere und Weichtiere in Mengen vorhanden sind.

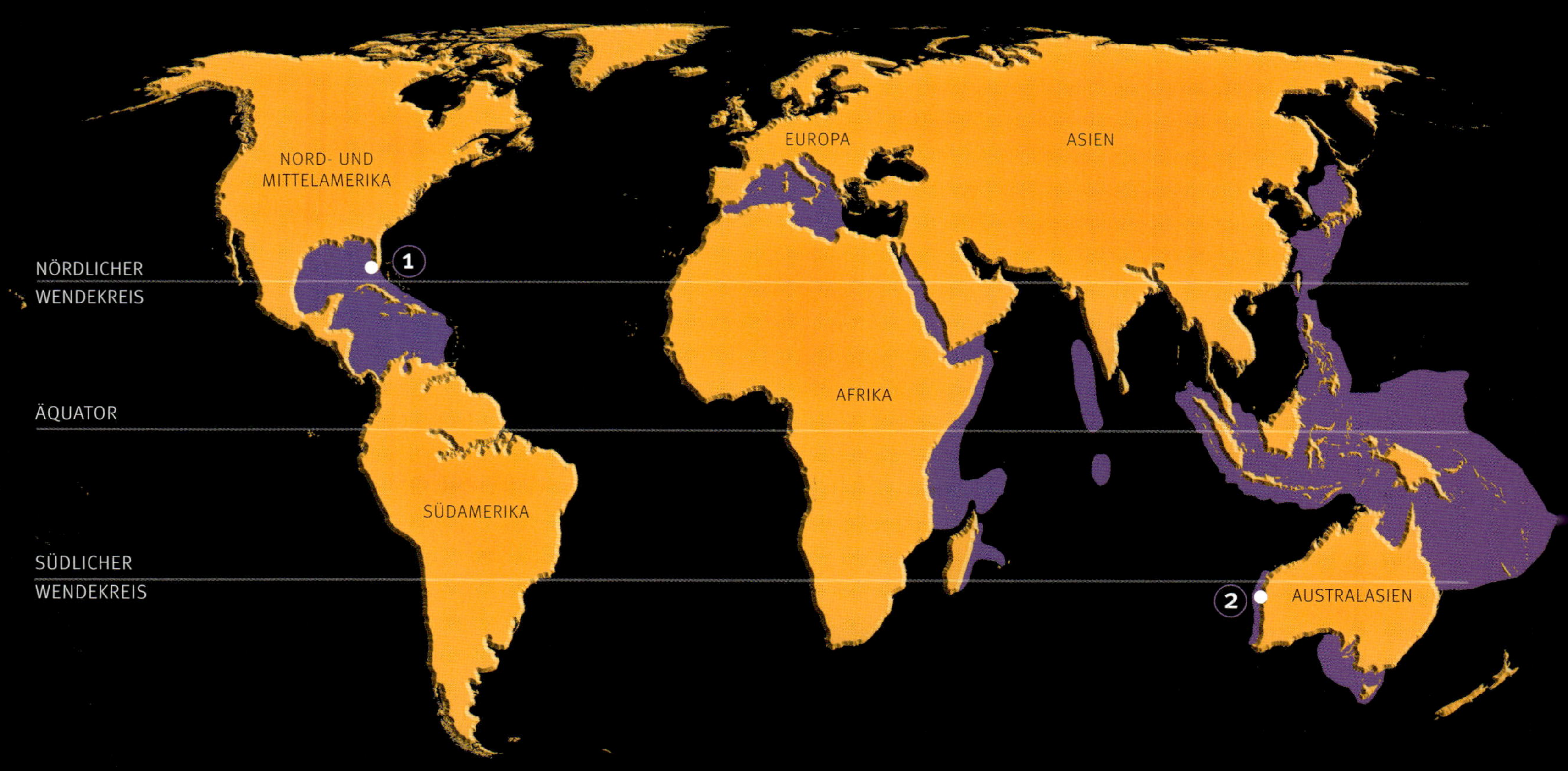

❶ SÜDFLORIDA

ORT Südliches Florida, USA

GESAMTFLÄCHE 5500 km²

WASSERTEMPERATUR 21–29 °C

Die Seegraswiesen Südfloridas sind die größten der Welt. Die verschiedensten Arten leben in den geschützten Buchten und Lagunen. Insgesamt gibt es hier sieben verschiedene Seegrasarten, von denen die häufigste das Schildkrötengras ist, das nach den Suppenschildkröten, die es fressen, benannt ist. Die Seegraswiesen Floridas werden allerdings ständig durch Schleppnetze, Verschmutzung und Städtebau bedroht.

SCHLÜSSELART Suppenschildkröte (*Chelonia mydas*)

❷ SHARK BAY

ORT Nördlich von Perth, Westaustralien

GESAMTFLÄCHE 4000 km²

WASSERTEMPERATUR 24–29 °C

Die Shark Bay gehört zum UNESCO-Weltnaturerbe. Hier findet man eine der größten Seegraswiesen der Welt mit einer der weltweit höchsten Biodiversitäten. Hier wachsen 12 der 50 bekannten Seegrasarten. Sie beherrschen den Flachwasserbereich bis zu einer Tiefe von etwa 12 m und liefern die Nahrung für eine der größten Dugong-Populationen der Welt. Hier kommen auch Delfine, Buckelwale und Schildkröten vor.

SCHLÜSSELART Dugong (*Dugong dugon*)

Kelpwälder der Welt

Als Kelp bezeichnet man große Tange, die in den kühlen Meeren der Erde wie Wälder wachsen. Sie gedeihen auf flachen Felsen im Sublitoral, wo ein guter Austausch an nährstoffreichem Wasser stattfindet.

Kelp wächst auf felsigen Hängen bis in Tiefen von 10–20 m, abhängig von der Transparenz des Wassers. Wo in größere Tiefen weniger Licht für die Fotosynthese vordringt, gedeiht der Kelp schlechter. In den meisten Küstengewässern geht er nicht tiefer als 25 m. Manche Kelpbestände fallen bei Ebbe trocken und können sogar bei heftigen Stürmen die Küsten durch die Dämpfung der Wellenenergie schützen.

Kelp ähnelt Bäumen und besitzt ein wurzelähnliches Rhizoid, das ihn im Substrat verankert. Das stängelähnliche Cauloid enthält oft gasgefüllte Blasen, die den palmwedelähnlichen Phylloiden Auftrieb verleihen, sodass sie sich näher am Licht befinden. Das macht den Kelpwald zum mehrstöckigen Lebensraum, in dem verschiedene Tiere auf unterschiedlichen Ebenen zu finden sind. Spalten im Rhizoid können hunderte kleiner Tiere vor Räubern schützen, während die Phylloide von Hydrozoen und Röhrenwürmern bedeckt sind. Ähnlich wie Seegraswiesen schützen Kelpwälder junge Fische, bis sie sich den Erwachsenen anschließen können. Obwohl der Kelp eine große Artenvielfalt beherbergt, werden nur etwa zehn Prozent der Algen unmittelbar von Tieren gefressen – der Rest geht nach seiner Zersetzung in die Nahrungskette ein.

1 CATALINA ISLAND

ORT Vor der Küste von Kalifornien, USA

GESAMTFLÄCHE 194 km²

WASSERTEMPERATUR 12–20 °C

Die kalifornische Küste ist für ihre zum Kelp gehörenden Riesentange (*Macrocystis pyrifera*) bekannt. Sie sind die größten Algen der Welt, können über 30 m lang werden und in den nährstoffreichen Gewässern des Kalifornischen Stroms dichte Wälder bilden. Catalina Island, 35 km vor der Küste Kaliforniens gelegen, ist seit 1974 Naturschutzgebiet und bietet sowohl über Wasser eine beeindruckende Landschaft als auch eine bezaubernde Unterwasserwelt. Neben dem Kelp gibt es hier Adlerrochen und Kalifornische Seelöwen.

SCHLÜSSELART Garibaldi-Fisch (*Hypsypops rubicundus*)

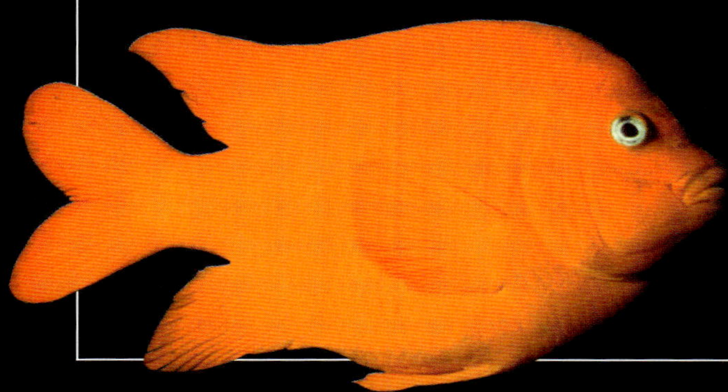

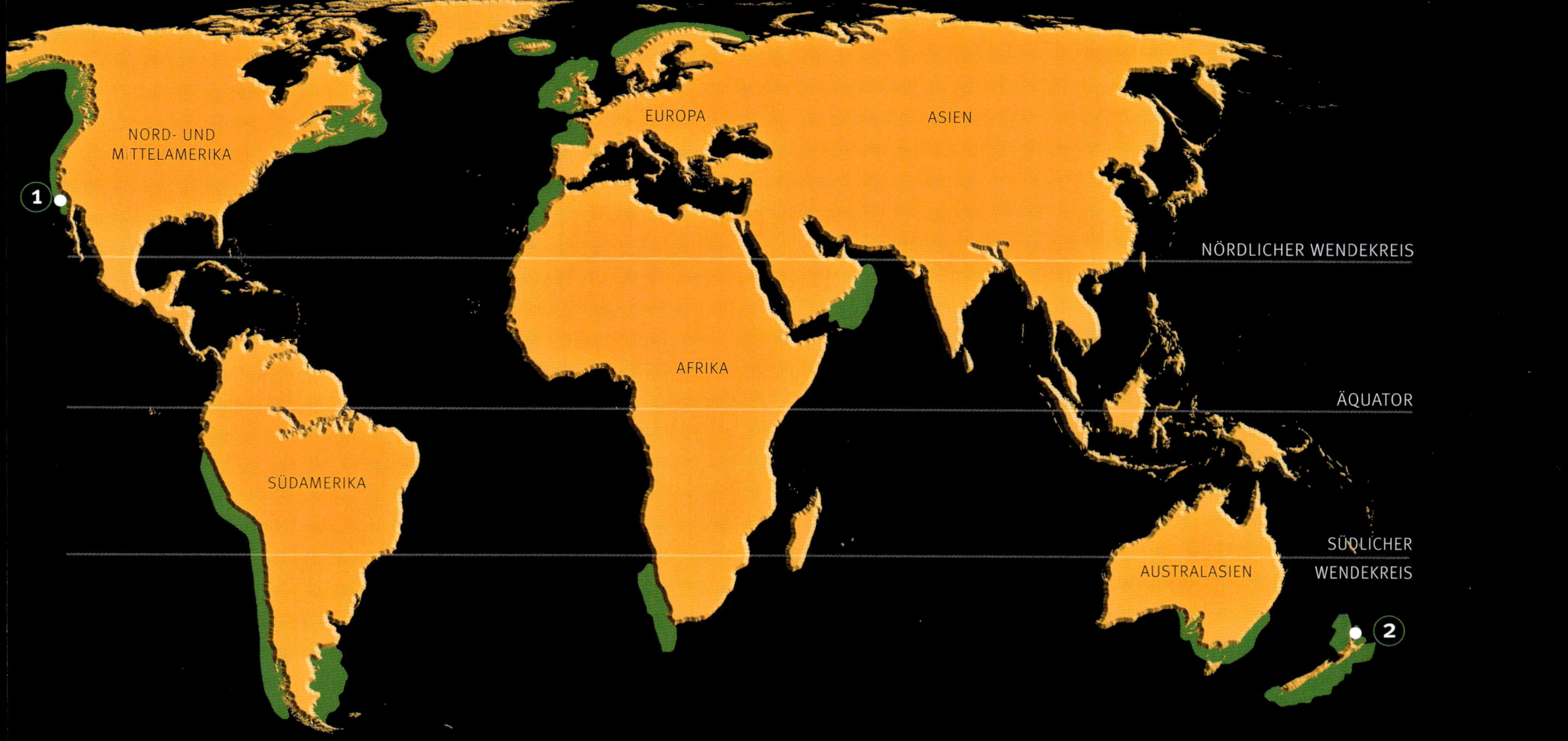

2 POOR KNIGHTS ISLANDS

ORT Vor der Ostküste von Northland, Nordinsel, Neuseeland

GESAMTFLÄCHE Inselkette mit 24 km²

WASSERTEMPERATUR 15–24 °C

Die Poor Knights Islands sind eine Gruppe unbewohnter Inseln, die etwa 23 km vor der Küste der neuseeländischen Nordinsel liegen. 1981 wurde ein Meeresschutzgebiet um die Inseln herum eingerichtet, das sich von der Küste aus etwa 800 m weit ins Meer erstreckt. Die Gegend ist bei Tauchern für ihre Höhlen und Kelpwälder bekannt und von Rücken, Überhängen und Bögen geprägt. Etwa 120 Fischarten bevölkern das Wasser, darunter große Pilotbarsch-Schwärme. An den exponierten Plätzen herrschen die Braunalgen *Lessonia variegata*, an geschützteren *Ecklonia radiata* vor.

SCHLÜSSELART Muräne (*Gymnothorax prasinus*)

Kaltwasserriffe der Welt

Die Aufwuchsorganismen der Kaltwasserriffe und die anderen dort lebenden Tiere sind genauso faszinierend wie die der Tropen. Unsere Kaltwasserküsten wimmeln von marinem Leben.

Die zu den reichsten marinen Ökosystemen gehörenden kühl-gemäßigten Gewässer liegen zwischen den Subtropen und den Polen. Während tropische Korallenriffe von Generationen von Steinkorallen aufgebaut werden, bilden Felsen die Basis der Kaltwasserriffe. Hier wird die Biodiversität vor allem durch die verblüffende Vielfalt der Wirbellosen begründet. Krustenbildende Schwämme, Seescheiden, Hydrozoen und Seeanemonen klammern sich an die Felsen und fressen das Plankton – die im Wasser schwebenden Tiere und Algen, die die Basis der marinen Nahrungsketten bilden.

Die Fische der Kaltwasserriffe sind vielleicht nicht immer so bunt wie ihre tropischen Gegenstücke, doch sie haben ähnlich interessante Überlebenstaktiken entwickelt. Der Große Fetzenfisch besitzt zum Beispiel algenähnliche Hautlappen, die ihn tarnen. Anglerfische tarnen sich dagegen, um sich selbst vor der Beute zu verstecken und sie mit einem wurmähnlichen Köder anzulocken.

Kaltwasserküsten sind jahreszeitlichen Veränderungen ausgesetzt und ziehen infolge dieser wechselnden Bedingungen eine große Zahl wandernder Arten an. Raubfische wie die Haie und Thunfische interessieren sich zum Beispiel für die Fischschwärme, die von den saisonalen Planktonblüten leben.

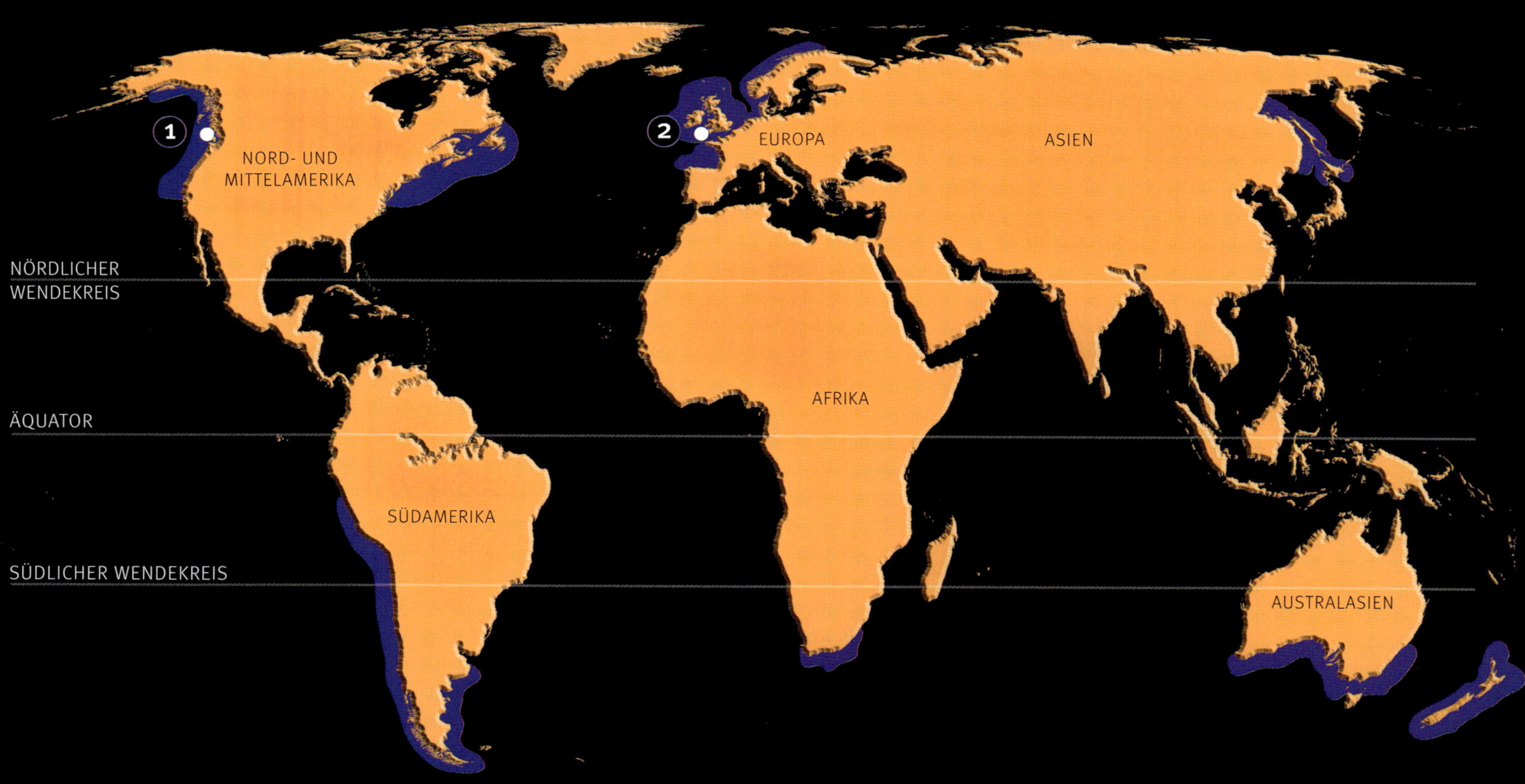

1 VANCOUVER ISLAND

ORT British Columbia, Westkanada

GESAMTFLÄCHE 32 000 km^2

WASSERTEMPERATUR 9–18 °C

Die größte Insel auf der Westseite der amerikanischen Kontinente. Sie ist von kalten Gewässern umgeben, in denen es von Leben wimmelt. Ausgeprägte Gezeiten und sauerstoff- und nährstoffreiches Wasser ziehen viele Tiere und Pflanzen unwiderstehlich an. Der vielleicht berühmteste Bewohner dieser Küsten ist der neugierige Riesenkrake. Zu den Besuchern zählen Seewölfe, Seehunde, verschiedene Wale und viele Lachse.

SCHLÜSSELART Orca oder Schwertwal (*Orcinus orca*)

2 THE MANACLES

ORT Vor der Lizard-Halbinsel, Cornwall, Großbritannien

GESAMTFLÄCHE Etwa 2½ km^2

WASSERTEMPERATUR 9–21 °C

Die vor der Lizard-Halbinsel – dem südlichsten Punkt des britischen Hauptlands – gelegene Insel ist ein beliebter Tauchplatz. Die für ihre vielen Schiffswracks berühmte Küste beherbergt viele Weichkorallen, Hydrozoen und Anemonen. Manche Riffe dieses Systems ragen 60 m hoch vom Meeresgrund auf. Während der Sommermonate kann man eine große Anzahl von Riesenhaien in den umgebenden Gewässern sehen.

SCHLÜSSELART Riesenhai (*Cetorhinus maximus*)

Riffe – Making-of

Die Unterwasserwelt ist für Fotografen eine der schwierigsten Umgebungen. Die mit ihr verbundenen physikalischen und technischen Anforderungen bedeuten, dass das Lernen des Tauchens nur der Anfang des langen Wegs zum vollendeten Unterwasserfotografen ist. Wir haben viele Stunden mit dem Filmen und Fotografieren der Riffbewohner unter Wasser zugebracht und uns langsam an ihr Verhalten gewöhnt. Genau zu wissen, wann und wie ein bestimmtes Tier reagieren wird, ist für das Gelingen des Bilds entscheidend – mit einer begrenzten Luftmenge in der Flasche und ohne die Möglichkeit, Filme oder Batterien zu wechseln, kann man es sich nicht leisten, auf eine zweite Chance zu hoffen.

Während der Produktion von *Riffe* konnten wir die Welt bereisen und wussten genau, welche Arten wir wo fotografieren wollten. Viele davon waren Haie und die erste Frage, die wir meistens hörten, war: »Haben Sie denn keine Angst, in der Nähe von Haien zu tauchen?«. Die nächste Frage war dann: »Was machen Sie, wenn sie angreifen?« Tatsächlich suchen wir gezielt Orte auf, an denen wir nah an Haie herankommen – und ja, manchmal hat man ein wenig Angst, wenn man ins Wasser geht. Doch wir tauchen zusammen mit erfahrenen Leuten, die das Verhalten dieser Räuber sehr gut kennen. Abgesehen von dem furchterregenden Ruf, der Tieren wie dem Tigerhai vorauseilt, haben wir manchmal Schwierigkeiten, nah genug an sie heranzukommen, um qualitativ hochwertige Aufnahmen zu schießen.

Fotografieren wir an Orten wie der Straße von Lembeh, Sulawesi, Indonesien, ist es von Vorteil, genau zu wissen, wann ein Lauerjäger zuschlagen wird. Allerdings kommt es meist zur Geduldsprobe zwischen Fotograf und Räuber. Man muss vorsichtig sein, um den Räuber – oder sein ahnungsloses Opfer – nicht zu stören. Doch auch dann muss man oft viele Stunden lang war-

ten. Auf der Jagd nach dem besten Bild gibt es immer wieder die Versuchung, die eigenen Grenzen zu testen. Es ist vielleicht eine Ironie, dass es eine der ersten Lektionen beim Tauchenlernen ist, niemals den Atem anzuhalten. Beim Fotografieren unter Wasser ist dagegen das Anhalten des Atems oft die einzige Möglichkeit, bestimmte Aufnahmen zu machen. Fische sind sehr leicht zu erschrecken und Blasen genügen, um die größten Arten zu verscheuchen.

Einige der älteren Bilder in diesem Buch sind mit einer Nikon F90X und einer Reihe verschiedener Objektive gemacht worden. Doch die Beschränkung auf 36 Bilder hat uns immer Kopfschmerzen bereitet. Fische scheinen instinktiv zu wissen, wann der Film zu Ende ist, um dann ihre schönsten Farben zu zeigen. Die Digitaltechnologie hat daher der Unterwasserfotografie völlig neue Chancen eröffnet. Die Möglichkeit, einige hundert Bilder zu schießen, bevor der Speicherplatz knapp wird, verschafft uns die Möglichkeit, neue Techniken auszuprobieren. Heute benutzen wir Nikon-D200- und -D2X-Kameras – alle in Nexus-Gehäusen, die von Anthis hergestellt werden. Meist setzen wir Weitwinkel- mit 10,5 mm, 16 mm und 12–24 mm Brennweite sowie Makroobjektive mit 60 mm und 105 mm Brennweite ein, die wir mit Vorsatzlinsen und Telekonvertern kombinieren. Wegen des mangelnden Lichts benutzen wir oft Blitze von Inon, Sea & Sea und Ikelite.

» Das Fotografieren von Lauerjägern in Aktion kann zur Geduldsprobe zwischen Fotograf und Raubfisch werden. «

» Die meisten Leute denken, dass wir verrückt seien, mit Haien zu tauchen, doch ich betrachte es als unsere Pflicht. Wir haben die Zeit, die Ausrüstung und die Fähigkeiten, um sicher neben diesen Tieren im Wasser zu schwimmen und der Welt zu zeigen, dass sie nicht so bösartig sind, wie man oft meint. Die Folgen des Films »Der weiße Hai« haben dazu geführt, dass ich jedesmal, wenn ich den Auslöser drücke, daran denke, wie ich die Tiere positiv darstellen kann. Das ist etwas, was wir sehr ernst nehmen – wenn wir die Öffentlichkeit nicht über Haie informieren, ist es sehr unwahrscheinlich, dass die nächste Generation von Tauchern und Fotografen die gleiche Möglichkeit hat, sie in Freiheit zu beobachten. «

◁ Jason Isley nähert sich einem Tigerhai (*Galeocerdo cuvier*), während ein Schwarzspitzenhai (*Carcharhinus limbatus*) unter beiden schwimmt. Aliwal Shoals, Südafrika.

»Tauchen und Fotografieren ist nicht unser Beruf – es ist unsere Leidenschaft. Für alle bei Scubazoo ist die Chance, ins Wasser zu springen und einen neuen Tauchplatz zu erkunden oder ein Tier aus einem neuen Blickwinkel zu fotografieren oder zu filmen das, wofür wir leben. Wir hatten das Glück, während unserer gemeinsamen Zeit unter Wasser viele bemerkenswerte Dinge beobachten zu können. Die größte Befriedigung kommt aber nicht von den Erlebnissen selbst, sondern davon, sie mit dem Rest der Welt teilen zu können. Die gesamte Geschichte der Unterwasserwelt zu erzählen ist das, worum es uns bei Scubazoo geht.«

△ Matt Oldfield bei Nahaufnahmen eines Stechrochens. Poor Knights Islands, Neuseeland.

△ Roger Munns inmitten eines Schnapper-Schwarms. Sodwana Bay, Südafrika.

△ Matt Oldfield mit einem Großen Fetzenfisch. Kangaroo Island, Australien.

△ Roger Munns schwimmt neben einem riesigen Kartoffel-Zackenbarsch. Sodwana Bay, Südafrika.

△ Jason Isley mit einem friedlichen Sandtigerhai. Sodwana Bay, Südafrika.

Fotografen

JASON ISLEY

FOTOS AUF DEN SEITEN: 6, 7, 28 o, 28 u, 29, 45, 50, 52 o, 52 u, 53, 54, 62 l, 62 r, 63, 82/83, 84/85, 86/87, 90/91, 96/97, 98/99, 100/101, 108/109, 110/111, 114/115, 118/119, 125, 126, 127 o, 127 u, 128, 129, 132/133, 134/135, 137f., 138/139, 140, 141, 143 seq, 146, 147, 150, 152/153, 156/157, 158 o, 158 m, 158 u, 159 o, 159 u, 162/163, 168, 169, 174, 175 ol, 175 or, 175 ul, 175 ur, 176/177f., 181 ol, 181 ul, 181 ur, 182 ol, 182 or, 182 ml, 182 mr, 182 ul, 182 ur, 183 ml, 183 ul, 183 ur, 186, 190/191, 194, 195, 202, 203, 208, 209, 213, 218 ol, 218 ul, 221 o, 222 ol, 222 or, 222 u, 223, 225 o, 225 ul, 226, 229 ol, 230, 231, 232, 233f., 254/255, 258/259, 262/263, 264/265, 269, 270, 271 l, 271 r, 274/275, 276/277, 279 o, 279 u, 280, 281 u, 284/285f., 290/291, 295 r, 296 ol, 296 or, 296 ur, 300, 301, 302 o, 302 u, 303, 304, 305 o, 306, 307, 310, 311 o, 311 ul, 312 r, 320, 327, 328, 329 ol, 329 or, 329 ul, 329 ur, 330, 331 or, 331 ml, 331 mr, 331 ur, 334 o, 334 ul, 335 r, 336, 337 or, 354 ul, 355 o.

MATTHEW OLDFIELD

FOTOS AUF DEN SEITEN: Umschlag, 1, 2/3, 5, 9 u, 10/11, 13, 19, 20, 27 ol, 27 or, 27 u, 30/31, 32/33, 36/37, 42 u, 44 o, 44 ul, 44 ur, 46, 47 ol, 47 or, 47 ul, 47 ur, 48, 49 l, 49 r, 55 ol, 55 or, 55 ul, 56 l, 56 r, 57, 58, 59 ol, 59 or, 59 ul, 59 ur, 60/61, 64 ol, 64 or, 64 ul, 64 ur, 65, 66, 67 l, 67 r, 68, 69, 70 l, 70 r, 71, 78/79, 88/89, 94.95, 104/105, 112/113, 116/117, 124, 130/131f., 136, 148, 151, 154, 160, 161, 165, 166, 167, 170/171, 172, 178/179, 181 or, 183 ol, 183 or, 183 mr, 184/185, 187, 188, 189, 192/193, 196, 197, 198/199, 200/201f., 210/211, 216, 217, 220, 221 u, 224, 225 ml, 225 ur, 229 or, 229 u, 234, 235, 238/239, 240/241, 242/243, 244/245, 246/247, 248/249, 250/251, 252/253, 256/257, 260/261, 266/267, 273 o, 273 u, 278, 286, 287, 289, 305 ul, 308, 309, 312 l, 314 l, 314 r, 315, 316, 317 ol, 317 or, 317 u, 318/319, 321, 324, 331 ol, 331 ul, 334 ur, 337 ur, 338 o, 338 u, 339, 360.

ROGER MUNNS

FOTOS AUF DEN SEITEN: Einbandinnenseiten, 8, 12, 14/15, 18, 38, 39 l, 39 r, 40 l, 40 r, 41, 42 o, 43, 51, 55 ur, 72 l, 72 r, 73 o, 73 ul, 73 ur, 78/79, 80/81, 102/103, 106/107, 149, 155, 173, 180, 204, 205, 212, 214/215, 218 or, 218 um, 218 ur, 219, 236/237, 268, 272, 281 o, 288 o, 288 u, 292/293, 294, 295 l, 296 ul, 297, 305 ur, 313, 322, 323, 325, 326, 335 l, 337 ol, 337 ul, 352/353, 355 u.

» Wir haben das Glück, in einem Team von Fotografen zu arbeiten, von denen jeder ein besonderes Talent hat. «

SEOK WUN AU YONG

FOTOS AUF DEN SEITEN: 9 o, 92/93, 142, 228, 282, 283, 298/299, 311 ur.

ADAM BROADBENT

FOTOS AUF DEN SEITEN: 4, 26, 164, 227.

Dank von Scubazoo

Man fotografiert in der Natur unter Wasser für gewöhnlich allein. Es haben jedoch so viele Leute dabei geholfen, die Bilder für dieses Buch zu ermöglichen, dass wir den folgenden Personen und Institutionen (in keiner bestimmten Reihenfolge) danken möchten:

Sabah Ministry of Tourism Development, Environment, Science and Technology – Y. B. Tan Sri Datuk Chong Kah Kiat & Datuk Monica Chia; Sabah Tourism Board – Tengku Datuk (Dr.) Zainal Adlin & Datuk Irene Benggon Charuruks; ECO Divers Tasik Ria Resort & Kungkungan Bay Resort, Nordsulawesi – Jim & Cary Yanny, Steve & Miranda Coverdale; Seaventures Resort, Sabah, Malaysia – Suzette Harris; Blue Wilderness, Südafrika – Mark & Gail Addison, Sijmon De Waal & Debbie Millin; Bali Hai Diving Adventures, Indonesien – Michael Cortenbach; Papua Diving, Raja Ampat, Indonesien – Max Ammer; Dive Tutukaka, Poor Knights Dive Centre, Neuseeland – Jeroen Jongejans & Kate Malcolm; Aguas Claras, Fernando de Noronha, Brasilien – Samuca; Vancouver Island Dive, Kanada – John de Boeck; Kangaroo Island Diving Safaris, Australien – Jim & Josie Thiselton; Sipadan Water Village, Sabah, Malaysia – Ken Pan, Leonard Lai & Alex Ho; Malapascua Exotic Island Dive Resort, Philippinen – Dik & Cora de Boer and Totong; Four Seasons, Malediven; Sangalaki Dive Resort, Indonesien – Ron Holland; Adventure Journey World, Maratua, Indonesien – Alan Oh; Swanido International, Biak, Irian Jaya, Indonesien – Roger Koh; Layang Layang Island Resort, Sabah, Malaysia – Lawrence Lee; Mantanani Island Resort, Sabah, Malaysia – David Goh; Sipadan Dive Centre, Sabah, Malaysia – Douglas Primas & Gerrard Chin; SMART, Sabah, Malaysia – Robert Lo; Rockfish Divers, Vancouver, Kanada – Jonathan Grant; Ocean Optics – Steve Warren; Scubacam Singapur – David Cheung; Anthis/Nexus Japan – Junko Maruoka.

Da jeden Tag neue Arten von Meereslebewesen entdeckt werden, ist es ein ständiges Ringen, jedes Tier wissenschaftlich korrekt zu benennen; wir übernehmen daher die volle Verantwortung für Fehler bei der Bestimmung. Folgenden Personen danken wir für ihre Hilfe: Liz Wood, Marine Conservation Society; Markus Ruf, Marine Research Foundation; Bill Rodman, Seaslug Forum.

Unser Wohlbefinden unter Wasser ist das Wichtigste, wenn wir fotografieren – wir müssen vergessen können, dass wir tauchen und uns vollkommen auf die Fotografie konzentrieren. Manchmal sind wir eine sehr lange Zeit unter Wasser und deshalb sind Zuverlässigkeit und Bequemlichkeit die Gründe, deretwegen wir die folgende Ausrüstung benutzen: Pinnacle Aquatics – Trocken- und Nasstauchanzüge; Dive Rite – technische Ausrüstung; Seventenths – Bekleidung an Land.

Dank des Verlags

In Ergänzung zu den Danksagungen von Scubazoo dankt DK allen für ihre Hilfe bei den Vorbereitungen für dieses Buch: Samantha Fanshawe, Dr. Jean-Luc Solandt, Katherine Stephenson und Dr. Liz Wood, Marine Conservation Society. Informationen über MCS sowie Riffschutzprojekte kann man auf den folgenden Internet-Seiten erhalten:
www.mcsuk.org
www.sempornaislandsproject.com

DK dankt außerdem Tarda Davison-Aitkins für ihre redaktionelle Unterstützung, Matthew Robbins und Anoushka Jahangiri für die Hilfe beim Layout, Andrea Sadler für die Bildrecherche und Dr. Laurence Errington für das Register. Die Weltkarten sind von Advanced Illustrations Ltd. gezeichnet worden.

Der Verlag dankt weiterhin den Folgenden für die freundliche Erlaubnis, ihre Bilder verwenden zu dürfen: Alamy Images: Nature Picture Library 349 ur; WaterFrame 347 ul; Ardea: Jean Paul Ferrero 345 ul; Geoff Trinder 343 ul; Doc White 346 ur; FLPA: Reinard Dirscherl 345 mlo; Foto Natura Stock 345 ur; Flip Nicklin 349 mro; Jürgen & Christine Sohns 342 ul; Getty Images: Georgette Douwma 341 mlo, 346 ul; Stephen Frink 341 ur; Tim Laman 347 ur; Panoramic Images 342 ur; Norbert Wu 341 or; naturepl.com: Alan James 349 ul; Photolibrary: Dave Fleetham 349 ol; Photoshot / NHPA: Tom & Therisa Stack 345 or; Pictures Colour Library: John Miles 341 ul.

Das SCUBAZOO-Team

VON LINKS NACH RECHTS: Jason Isley (Mitbegründer/Geschäftsführer), Simon Christopher (Gründer und Leiter), Simon Enderby (Einsatzleiter), Matthew Oldfield (Pressearbeit), Roger Munns (leitender Kameramann).
www.scubazoo.com

Register

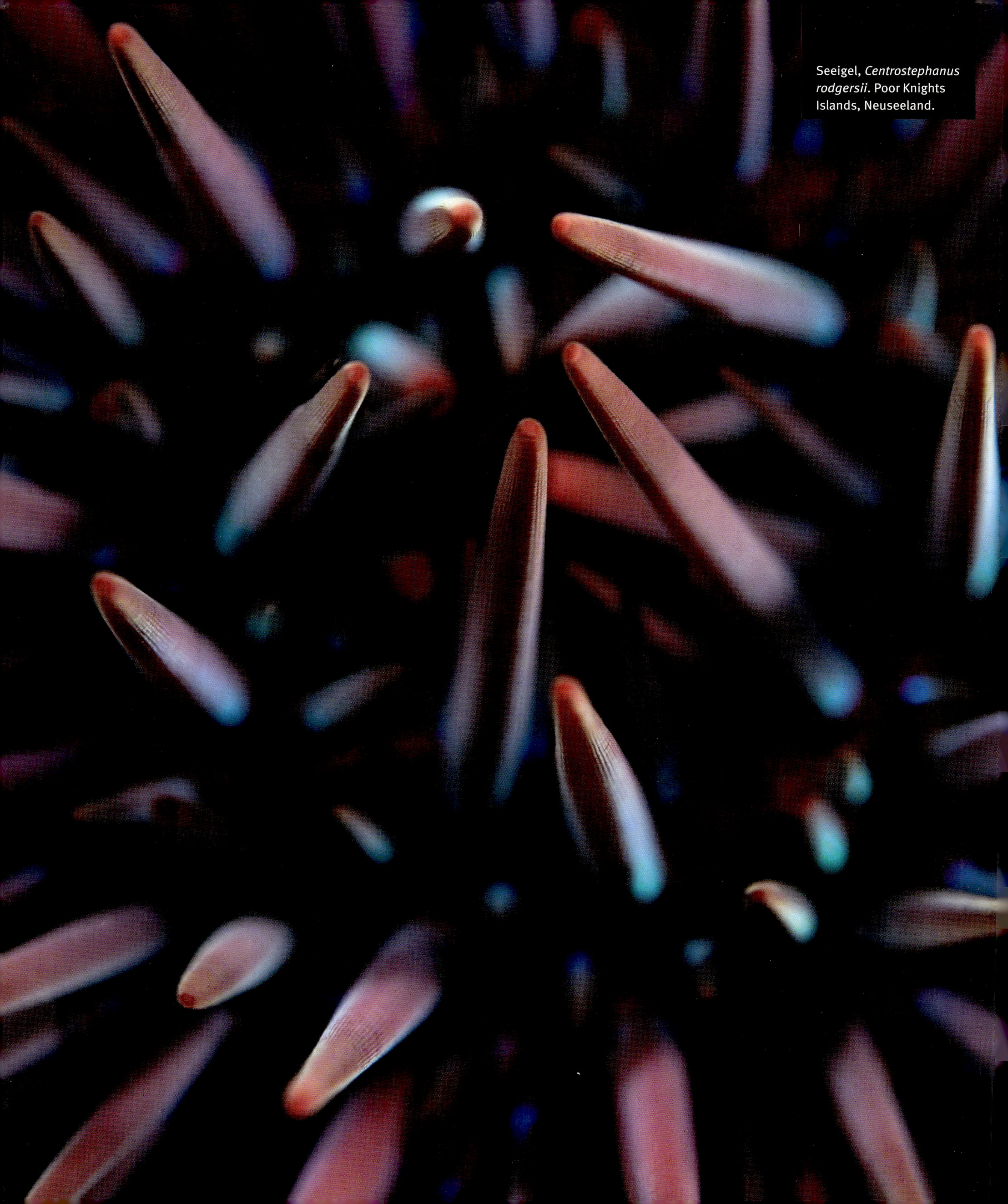

Seeigel, *Centrostephanus rodgersii*. Poor Knights Islands, Neuseeland.